Célestin Bouglé

Les sciences sociales en Allemagne

essai

ISBN : 978-1514253168

10 9 8 7 6 5 4 3 2 1

Célestin Bouglé

Les sciences sociales en Allemagne

essai

Table de Matières

À
M. HENRY MICHEL

Hommage d'affectueux respect.
C. B.

Célestin Bouglé

Avant-propos de la deuxième édition

Nous réimprimons tel quel ce petit volume.

Depuis six ans, le « *Methodenstreit* » dont on s'y efforçait de préciser les tendances n'a pas cessé, et ne semble pas près de finir.

Et sans doute, pour représenter ces tendances, des noms nouveaux se présenteraient maintenant à l'esprit. Si l'on écrivait aujourd'hui ces pages, on ne pourrait manquer d'y faire allusion à la philosophie du droit esquissée par Stammler dans sa discussion du matérialisme historique, aux polémiques sur la méthode suscitées par l'Histoire de Lamprecht, à la classification des doctrines proposée par Barth dans sa Philosophie de l'Histoire, à la grande synthèse de sociologie économique entreprise par Schmoller. Depuis la publication de notre livre, des périodiques se sont créés en France qui tiennent au courant les lecteurs curieux de méthodologie sociologique. Nous pouvons renvoyer par exemple à *l'Année sociologique,* à la *Revue de synthèse historique,* ou enfin aux *Notes critiques* ceux qui désirent savoir ce qui s'est publié de plus nouveau, en Allemagne, sur les problèmes que nous agitons.

Mais ces lecteurs mêmes pourront peut-être tirer quelque profit de nos études. Nous y avions essayé, en effet, moins d'analyser pour eux-mêmes tels ou tels ouvrages récents que de rechercher quelles leçons générales s'en dégagent, pour qui veut travailler à l'avancement des sciences sociales. En ce sens il a pu sembler qu'il n'était pas inutile aujourd'hui — malgré l'indéniable progrès des sciences sociales, — de rappeler pour quelles raisons et dans quelle mesure elles doivent, si elles veulent mettre en œuvre les matériaux qu'elles demandent à l'histoire, se délivrer provisoirement de toute préoccupation pratique, spécifier méthodiquement leur objet propre, et s'aider enfin, sans pourtant se confondre purement et simplement avec elle, de la psychologie.

C.B.

INTRODUCTION

La question de la méthode des sciences sociales a paru récemment préoccuper, à juste titre, l'opinion philosophique en France. Il nous a semblé utile de faire connaître ou de rappeler aux Français ce que pensent au même moment, sur cette même question, les Allemands.

Nous avons donc choisi quatre auteurs occupés à la construction de sciences sociales différentes. Nous avons demandé à Lazarus le plan d'une psychologie des peuples, à Simmel, d'une science de la morale, à Wagner, d'une économie politique, à Jhering, d'une philosophie du droit. Nous avons entendu les cours des trois premiers à l'Université de Berlin. Pour le quatrième, mort un peu avant notre séjour en Allemagne, son esprit, que des ouvrages posthumes nous apprennent à mieux comprendre, est toujours vivant, et nous n'avons pas rencontré dans les Universités d'autorité juridique égale à la sienne.

Malgré la diversité de leurs âges, de leurs études, de leurs esprits, ces auteurs nous ont paru se ressembler par quelques traits, qui correspondent à certaines tendances nouvelles des sciences sociales en Allemagne. Nous essaierons de faire saillir ces traits communs : nous résumerons les idées générales de chaque auteur et, en observant sa façon de traiter tel ou tel problème particulier, nous ferons voir à l'œuvre sa méthode. Ce résumé sera suivi d'une sorte de commentaire, à la fois historique et philosophique : historique, il rappellera le milieu intellectuel de l'auteur, les influences auxquelles son œuvre cède ou celles qu'elle contrarie ; philosophique, il indiquera comment, après cette œuvre même, les problèmes restent posés. Dans une conclusion, on comparera les mouvements des sciences sociales en Allemagne à leurs mouvements en France.

Mais avant de commencer cette enquête, il importe de rappeler brièvement l'histoire générale de la méthode des sciences sociales en Allemagne au XIXe siècle, et de marquer, dans cette histoire, la place de nos auteurs.

1

Célestin Bouglé

Cette histoire peut être divisée, si l'on prend les idées en gros, pour ainsi dire, en quatre phases.

La première correspond à l'âge héroïque de la philosophie allemande : elle est spéculative. Si différentes que soient leurs théories politiques, Kant et Fichte, Schelling et Hegel ont au moins un trait commun : le mépris des « faits ». Ils construisent la Société, le Droit, l'État, sans se soucier d'observer les sociétés, les droits, les états. Le XVIIIe siècle, confondant théorie et pratique sociales, leur laissait l'exemple et comme l'habitude de *l'à-priori*. En Angleterre comme en France, pour protester contre les lois du temps qui consacraient, ici, les privilèges d'une classe, ou, là, entravaient la liberté du commerce, il en appelait aux lois éternelles de l'économie politique ou du droit. Pour retrouver plus sûrement les titres des individus contre les gouvernements, il figurait la société comme l'œuvre des libertés individuelles. Cet individualisme pénètre l'Allemagne : chanté par Schiller et par Gœthe, le *Naturrecht* est démontré par Kant et par Fichte. Kant dédaignera la science empirique des droits, « belle tête sans cervelle », et, partant du concept de l'individu, il en déduira les lois de la société, universelles et nécessaires, indépendantes de toute condition géographique ou historique, de l'espace et du temps. — À vrai dire Hegel ébranle et cet individualisme par sa notion de l'État et cet universalisme par sa notion de l'Histoire. Il prouve d'une part que l'État est autre chose que la résultante des actions et réactions individuelles, d'autre part que le rapport de l'individu à l'État varie nécessairement avec les temps et les pays. Mais ce changement de doctrine n'entraîne pas un réel changement de méthode. Hegel pour réfuter Kant n'en appellera pas à une histoire mieux informée, mais à une logique mieux comprise. De l'antithèse de l'Être avec le Non-Être et de leur synthèse il déduit le devenir et ses phases, mais il se vante de ne pas les observer. On sait qu'il se montre sceptique à l'égard des résultats de la recherche historique. Il n'a de confiance que dans les idées.

Mais, entre les faits et les idées, le désaccord se trahit bientôt. On s'aperçoit que mille phénomènes historiques restent en dehors des cadres de la logique hégélienne. Tous ceux qui précèdent la naissance de l'État, négligés par Hegel, réclament l'attention des sociologues [1]. À la lumière élargie de la science historique, on voit les peuples sortir de la route prescrite par la dialectique, et échanger les rôles pour lesquels elle les marquait. On observe, d'un autre côté, que le système de Hegel ne fait souvent que transposer en formules métaphysiques ses connaissances historiques. Au mépris des faits succède et s'oppose la défiance des idées. Les jeux d'idées nous font connaître l'individualité de l'auteur, mais nous cachent la réalité historique. On veut être « objectif » ; Ranke fera le vœu de se dépouiller de son moi pour laisser parler les choses. Et partout dans les universités allemandes, à Tübingue principalement, se déploie l'armée des chercheurs patients, occupés à glaner, sur tous les terrains, les humbles vérités. Ils se complairont dans le concret comme on se complaisait dans l'abstrait. Les différences locales et temporelles attireront leur attention. Ils tendront à distinguer, comme les spéculatifs à assimiler. Déjà Böck, Savigny, Niebühr avaient mené l'attaque contre le Droit naturel [2] ; il n'y a pas un Droit, mais des Droits. À chaque nation convient son Droit ; il tient par mille racines à tout le passé du peuple : comme la langue, comme la littérature, c'est une fleur de l'âme nationale. Les économistes, comme les juristes, réfuteront les théories du XVIIIe siècle. Knies, développant systématiquement les idées lancées par List, reprochera à ces théories de prétendre à une valeur universelle, d'être « perpétualistes » et « cosmopolites » ; Roscher, élevé par le « polyhistorisme » de Tübingue, renforcera les thèses de la nationalœkonomie d'une masse de faits empruntés à toutes les histoires [3]. Et à mesure que ses disciples, formant ce que Wagner appelle la « jeune école historique » dirigée par Schmoller, apportent des documents plus nombreux et plus précis, on voit s'éloigner et s'évanouir l'idée d'une science universelle et abstraite des phénomènes économiques.

Mais cette réaction du fait contre l'idée eut son excès. L'esprit se sentit comme oppressé par la multitude des faits que les historiens lui apportaient. On voulut remettre de l'unité dans cette multi-

---

1 Cf. P. Barth. Die Geschichtsphilosophie Hegel's und der Hegelianer bis auf Marx und Hartmann. Leipzig, 1890.
2 Cf. Bluntschli. *Geschichte der neueren Staatswissenschaft.* 3e éd. Munich et Leipzig, 1881, p. 596, 621.
3 Cf. Schmoller. Zur Litteraturgeschichtedes Staats und Sozial-wissenschaften. Leipzig, 1889, p. 147.

Célestin Bouglé

plicité, et, après avoir distingué, assimiler à nouveau. En battant en brèche les conceptions du XVIIIᵉ siècle, juristes et économistes avaient pu paraître ébranler l'idée même de loi scientifique ; en opposant au cosmopolite le national, au perpétuel le passager, on semblait renoncera la constitution des sciences sociales et se contenter de l'histoire [1]. Mais la connaissance du particulier ne peut longtemps nourrir les intelligences. On se lasse de la « micrologie » comme on s'était lassé de l'ontologie. On demande des lois pour se retrouver dans l'infini des faits.

Pour trouver ces lois, les sciences sociales devaient s'adresser d'abord aux sciences les plus florissantes de notre siècle, et chercher à emprunter leurs méthodes. L'esprit, préoccupé de constituer une science, est naturellement porté à ramener ce qu'il ne connaît pas encore à ce qu'il connaît déjà, et veut défricher sa terre nouvelle avec le même instrument qui a fait fructifier l'ancienne. Ainsi les sciences sociales après avoir subi tour à tour l'influence des mathématiques, de l'astronomie, de la chimie même, devaient se modeler sous l'a pression des sciences naturelles [2]. On pensait, en s'en remettant à celles-ci du soin de former les sciences naissantes, échapper à la fois à l'apriorisme de la spéculation et à l'empirisme de l'histoire. Pour découvrir les lois des phénomènes sociaux, il suffit de les comparer aux phénomènes biologiques. C'est ainsi qu'un Schäffle [3] ou un Lilienfeld [4], pour constituer la science de la structure et de la vie du corps social, le rapprocheront, par une comparaison systématique, de l'organisme.

À vrai dire, ce naturalisme ne paraît pas avoir laissé de traces très profondes sur la pensée allemande. De cette confrontation des sciences sociales avec les sciences naturelles elle retient l'idée qu'il faut, pour expliquer les phénomènes sociaux, les analyser et chercher les lois de leurs éléments. Mais elle reconnaît que ramener systématiquement la sociologie à la biologie, c'est peut-être prendre pour devise : *obscurum per obscurius* [5]. D'ailleurs, les causes des

1 Cf. Menger. Die Irrthümer des Historismus in der Deutschen Nationalökonomie. Vienne, 1884.
2 Cf. Dilthey. *Einleitung in die Geisteswissenschaften.* Leipzig, 1883, p. 150, 478, 483.
3 Bau und Leben des Socialen Körpers, 1875.
4 Gedanken über die Socialwissenschaft der Zukunft, 1873.
5 Cf. Dilthey. *Op. cit.*

INTRODUCTION

phénomènes sociaux ne sont, point dans les corps ; pourquoi donc les lois du monde des corps leur seraient-elles immédiatement applicables ? Le monisme qui réduit hâtivement à l'unité les forces de la nature et celles de l'esprit peut nuire à la précision scientifique. La plupart des penseurs allemands maintiennent entre les deux mondes une solution de continuité. La renaissance du kantisme [1] leur permet de prendre position aussi bien contre l'école naturaliste que contre l'école dialectique. Partis de points très éloignés, Helmholtz et Du Bois-Reymond, Lotze et Dühring se réunissent pour limiter les prétentions du naturalisme. Et c'est le trait commun aux Logiques de Wundt et de Sigwart, de Beno Erdmann et de Dilthey, que l'idée de la spécificité des méthodes, correspondant à la diversité des objets d'étude. On voudra donc rattacher les phénomènes sociaux, non aux phénomènes biologiques, ce qui ne fournit que des analogies superficielles, mais aux phénomènes psychologiques, ce qui peut fournir des rapports de causalité. En même temps qu'elle distinguera les faits sociaux des faits naturels, la psychologie nous permettra d'assimiler les faits sociaux les uns aux autres, de retrouver, sous la diversité des Économies nationales, des Droits particuliers, quelques traits généraux. On rendra ainsi quelque valeur, au moins méthodologique, à certaines théories de l'école spéculative, qu'on transposera en termes psychologiques pour les appliquer à l'histoire. On voudra éviter, aussi bien que les erreurs du nationalisme, les erreurs complémentaires de l'historisme [2]. On n'aura plus ni le mépris des faits ni la défiance des idées, mais on tâchera d'unir les unes aux autres pour constituer de véritables sciences sociales.

Tel est le mouvement dont nous rencontrons les aboutissants dans les œuvres de nos auteurs ; nous y verrons se préciser la dernière des tendances que nous avons signalées, celle qui veut, en rattachant les sciences sociales à la psychologie, éviter à la fois les excès du naturalisme, de l'historisme et de la spéculation.

Mais qu'on prenne garde que, par ces quatre mots, spéculation,

---

1 Cf. Un article de Wundt dans le *Mind,* année 1877, et un de B. Erdmann dans la *Deutsche Rundschau,* 1879, sur les tendances générales de la philosophie allemande contemporaine. — Cf. en France, sur des sujets analogues, un article de Nolen dans la *Revue philosophique,* 1883, et un de Durkheim, dans la *Revue internationale,* 1886.
2 Cf. Dilthey. *Op. cit.,* p. 131. Blunstschli, *Op. cit.,* p. 756.

Célestin Bouglé

historisme, naturalisme et psychologie, nous voulons seulement désigner quatre points idéaux autour desquels oscillent, avec des écarts plus ou moins amples, les penseurs allemands. Nous ne prétendons pas que, dans la réalité, des périodes bien tranchées, qui se suivraient sans se confondre, correspondent à ces quatre tendances.

Rappelons d'abord qu'aucune d'elles n'a, en apparaissant, fait disparaître les autres. Michelet, mort il y a deux ans, représentait encore, à l'Université de Berlin, la dialectique de Hegel ; et l'inspiration de Schelling anime toujours les œuvres de Stahl et de Ahrens. L'historisme est plus florissant que jamais : Schmoller a autant d'élèves que Wagner. Et le naturalisme, malgré les coups portés sur lui de tous les côtés, développe encore ses métaphores. De plus, dans l'esprit de ceux même que nous prenons pour représentants d'une des tendances, on peut retrouver les traces d'une autre. Schmoller [1], au début d'une histoire de la science sociale, consacrera un chapitre à Fichte, et découvrira, dans les théories par lesquelles Fichte essaie de réunir éthique et économie politique, des rudiments de réalisme. Le même Schmoller notera les habitudes spéculatives qu'ont gardées certains protagonistes de l'historisme, un Knies, par exemple. On reconnaîtra que, tout en luttant contre l'école dialectique, l'école historique lui doit et en garde beaucoup. De même elle nous fait souvent pressentir l'école naturaliste. Stahl use couramment de la métaphore de l'organisme, que Krause développait systématiquement. Enfin et surtout l'historisme fait déjà la plus grande part à la psychologie. De même, ceux qui comparent la société à un organisme sont parfois loin de méconnaître le caractère psychologique des phénomènes sociaux, et l'on peut dire que, sur ce point, on a souvent fait à Schäffle une fausse réputation. *A fortiori* pourra-t-on retrouver, dans les œuvres de nos auteurs, les traces mêlées des précédentes tendances.

Toutes ces interférences sont d'autant plus naturelles que le mouvement des sciences sociales en Allemagne est loin d'être le produit d'une seule force. Ses phases ne se succèdent pas par la seule vertu des idées, dans un système fermé, grâce à une sorte de dialectique interne. Mais des causes de toutes sortes concourent à le déterminer.

---

1 Op. cit.

Rappelons-en une ou deux :

II

C'est d'abord le mouvement des sciences sociales à l'étranger.

Au XVIIIᵉ siècle, la France, par les idées de Rousseau, l'Angleterre, par celles d'Adam Smith, avaient profondément agi sur l'Allemagne. Elles agiront encore sur elle au XIXᵉ par le positivisme et l'évolutionnisme. C'est dans les œuvres d'Auguste Comte ou de Darwin, de Buckle, de Spencer, de Stuart Mill qu'on trouvera le point d'origine de plus d'un changement de direction de la sociologie allemande.

Pour Darwin il n'est pas nécessaire d'attester sa large influence, sous laquelle toutes les branches de la science, dans tous les pays, se sont infléchies. L'histoire de la civilisation anglaise de Buckle a été un des livres anglais les plus lus en Allemagne. Et si les autres ouvrages de Spencer n'ont pas paru obtenir grand succès, son Ethique du moins et ses Principes de sociologie ont retenu l'attention. La Logique de Stuart-Mill, enfin, est partout citée. Pour Comte il est difficile de suivre son action à la trace. Elle a laissé peu de vestiges précis. Et nous avons cru nous apercevoir nous-même que, jusqu'à ces derniers temps, il était relativement peu lu en Allemagne [1]. Mais d'abord le positivisme est de ces doctrines dont on peut être pénétré sans avoir lu les œuvres de leur fondateur. Et puis n'est-il pas juste de dire que le capital intellectuel de Buckle, de Stuart Mill, et souvent, malgré ses protestations, de Spencer, est en grande partie un héritage de Comte ? Lors même qu'elle n'est qu'indirecte, son action sur l'Allemagne n'est pas moins très sensible.

À vrai dire, toutes ces influences paraissent se réunir pour pousser les sciences sociales vers le naturalisme. Or, nous avons nous-même indiqué que celles-ci, en Allemagne, n'ont guère fait que traverser le naturalisme sans en garder beaucoup. L'Allemagne aurait donc le droit de dire que l'Angleterre et la France ont peu fait pour l'avancement de ses sciences sociales. Les principales idées fran-

---

1 Cependant un livre récent paraît rappeler l'attention sur sa philosophie : *Auguste Comte und seine Bedeutung für die Entwickelung der Socialwissenschaft,* par H. Waentig. Leipzig. 1894.

Célestin Bouglé

çaises ou anglaises auraient provoqué plus de contradictions que
d'imitations. La critique kantienne aurait permis à l'esprit allemand
de leur résister ; elles lui auraient seulement rendu ce service de lui
faire prendre mieux conscience de lui-même. Suivant Lazarus [1], on
pourrait retrancher des sciences sociales allemandes, sans toucher
à aucun de leurs organes essentiels, tout ce qui tient à Spencer.
Barth [2] passe à l'épreuve de la logique allemande les conceptions
fondamentales des *Principes de sociologie* et signale le défaut des
analogies sur lesquelles ils se fondent. Bernheim [3], Wundt [4], Schmoller [5] reprochent à Stuart Mill de vouloir encore transporter,
telle quelle, aux sciences sociales la méthode des sciences physiques. De tous les côtés, on lance à Comte le reproche d'avoir
omis, dans sa classification des sciences, la psychologie ; Dilthey
rit de ses efforts pour construire une sociologie sans psychologie,
et fait entendre que le positivisme n'est qu'une métaphysique naturaliste [6] qui, plus encore que les métaphysiques idéalistes, est faite
pour nous éloigner du chemin des sciences sociales.

Toutes ces considérations sont à la fois vraies et fausses. S'il est vrai
que, par certains côtés, l'évolutionnisme et le positivisme tendaient
à faire rentrer les sciences sociales dans les sciences naturelles, il
faut reconnaître aussi que, dans l'évolutionnisme comme dans le
positivisme, se cachaient certaines forces auxquelles les Allemands
ont pu s'appuyer pour dégager la sociologie du naturalisme.

D'abord l'évolutionnisme, par les hypothèses même dont il use,
préparait les esprits aux hypothèses dont les sciences sociales ont
besoin. C'est en effet une illusion, aussi répandue qu'inadmissible,
de croire avec Hœckel que, pour admettre l'évolutionnisme, on est
prêt à étendre à tous les phénomènes l'explication mécanique, et
à ramener le social au physique. En somme, les suppositions ori-
ginelles de l'évolutionnisme ne recèlent-elles pas une téléologie [7],

---

1 Dans son cours, à l'Université de Berlin.
2 Viesteljahreschrift für wissenschaftliche Philosophie, Heft. 2, 1893.
3 Bernheim. *Lehrbuch der Historischen Methode,* 2ᵉ éd., 1891, p. 96, 125.
4 *Logik* II, *Methodenlehre,* 2ᵉ partie, 2ᵉ éd., 1895, p. 83.
5 Handwöi terbuch der Slaatswissenschaften, édit. par Conrad. — Bd. VI. Article
Volkswirthschaft, p. 556.
6 Dilthey. *Op. cit.,* p. 131, 134.
7 Cf. Wundt. *Logik.,* I, dernier chapitre.

et les forces qu'il met en jeu ne ressemblent-elles pas à des forces psychologiques plus qu'à des forces mécaniques ? La théorie de la lutte pour la vie ne va pas sans la supposition d'une tendance à persévérer dans l'être, la théorie de l'adaptation au milieu, sans la supposition d'un effort pour s'adapter. En réfutant le monisme de Hœckel, des penseurs placés à des points de vue très différents ne manquaient pas de mettre en lumière ces hypothèses, et tout en notant qu'il n'en fallait user, en matière biologique, qu'avec la plus grande circonspection, ils remarquaient que, si un terrain paraissait de nature à être fécondé par elles, c'était celui des sciences sociales. En un mot, la réflexion sur les postulats de l'évolutionnisme apprenait aux Allemands à rendre une certaine valeur objective à la téléologie, et à la relever du discrédit où elle était tombée après Kant. Ce n'est pas là — nous le verrons — le caractère le moins important du mouvement contemporain.

D'autre part, si la logique de Stuart Mill est encore sur certains points pénétrée de naturalisme, il faut noter pourtant que Stuart Mill, un des premiers, met en relie ! cette idée que la psychologie et en particulier la psychologie des peuples est indispensable aux sciences sociales. C'est à lui que Dilthey emprunte l'expression de « sciences de l'esprit ». Il a établi, contre l'école même de Bacon, la fonction capitale de la déduction en matière de science sociale. Lorsque Menger et Wagner demandent, contre l'historisme, qu'on rende justice à la déduction, ils marchent sur les pas de Stuart Mill.

Pour Comte enfin, s'il ne marque pas expressément dans son système la place de la psychologie, cette lacune ne doit pas nous faire illusion. En fait, c'est lui qui déclare que « l'histoire des sociétés est dominée par l'histoire de l'esprit humain ». Il dira encore que « tout le mécanisme social repose finalement sur des opinions ». Déterminer, comme il le fait, le cours des phénomènes sociaux par la succession des trois états de la science, c'est faire la part belle à la psychologie. Sa philosophie de l'histoire est, en somme, intellectualiste. En ce sens, les Allemands pouvaient trouver dans son système comme l'antidote de la philosophie de l'histoire dite matérialiste. Celle-ci, construite pour soutenir les revendications socialistes et prenant encore pour modèle l'architecture hégélienne [1], plaçait à la base de la société les phénomènes économiques, et fai-

---

1 C. Barth. Die Geschichtsphilosophie Hegel's, ch. iii.

Célestin Bouglé

sait dépendre de ceux-ci tous les autres, religieux, moraux, intellectuels ; elle faisait donc aussi petite que possible la part de l'esprit, elle tâchait à expliquer, en somme, le supérieur par l'inférieur. Si les Allemands, en rendant aux sciences sociales leur caractère psychologique, essaient, contre la philosophie de Karl Marx, d'expliquer l'histoire aussi bien par l'action des « courants supérieurs » que par celle des « courants inférieurs », n'est-il pas juste de dire que la philosophie de Comte — exagérant, si l'on veut, le rôle des forces intellectuelles comme celle de Karl Marx exagérait le rôle des forces matérielles — les a secondés dans cette réaction ?

III

Plus profondes encore et plus visibles que ces influences extérieures seront les influences intérieures, dues à l'histoire même de l'Allemagne contemporaine. Sans nous prononcer sur les rapports derniers de la théorie avec la pratique, et sans prétendre mesurer au juste ce que la science doit à l'action, ou l'action à la science, nous pourrons du moins noter, entre les idées de ceux qui collaborent à la construction des sciences sociales — philosophes, historiens, juristes, économistes, moralistes — et les grands mouvements politiques et sociaux, des corrélations constantes.

Le bouleversement initial du siècle a retenti dans l'âme de tous les peuples, et non pas seulement dans leur sensibilité ou leur volonté, mais dans leur intelligence. On a voulu défendre ou combattre la Révolution. On a dressé des systèmes pour ou contre elle.

Kant et Fichte avaient fait, suivant le mot de Hegel, la théorie métaphysique de la Révolution. On verra s'unir contre elle l'école dialectique et l'école historique. Après la ruine de la domination française en 1815, on se jette sur les idées françaises. Napoléon les avait portées par toute l'Europe ; elles tombent avec lui, et on voit dans sa chute la preuve de leur faiblesse. La nation allemande revendique l'indépendance intellectuelle en même temps que l'indépendance matérielle.

S'il semble bien que Hegel, comme Gœthe, soit resté indifférent à l'enthousiasme national, il n'en mena pas moins, à Berlin, la lutte contre les idées françaises en combattant le *Naturrecht*. On a pu dire que sa philosophie fut pour la Prusse une philosophie d'État [1]. Lui-même a noté certaines affinités électives entre son système et la politique prussienne [2]. Il préparait pour elle celte notion de l'État divin, incarnation de l'esprit absolu, qui devait jouer son rôle dans la constitution de l'unité allemande.

Tandis que l'école dialectique élabore principalement l'idée de l'État, l'école historique élabore celle de la nation et s'emploie à rendre à l'Allemagne la pleine conscience d'elle-même. En chassant les étrangers, les Allemands invoquaient leur passé lointain. Ils veulent le ressusciter. L'histoire des langues, des mythes, des droits met à nu les racines de l'âme allemande. On se trouve à l'antipode du cosmopolitisme du XVIIIᵉ siècle. Le sentiment national n'anime pas seulement l'art du temps, il souffle sa vigueur et imprime sa direction à la science. Ce n'est pas sans raison qu'on donne aux savants comme aux poètes de cette époque le même titre de romantiques.

L'histoire tout entière a été et reste imprégnée de ce nationalisme. C'est en s'appuyant sur lui que se sont élevées, contre le XVIIIᵉ siècle, les nouvelles théories du droit et de l'économie politique. Nous avons vu que Savigny considérait le droit comme une floraison spontanée de l'âme nationale. Il se réclame de cette idée pour contester à son époque le droit d'instituer un nouveau système juridique [3]. Thibaut voulait construire de toutes pièces un Droit civil général. Savigny dénonce, dans sa tentative, un retour à l'esprit de la Révolution. On ne fabrique pas les droits comme des machines : ils s'organisent lentement dans l'âme des peuples.

À vrai dire, l'école historique, à ce moment de l'histoire d'Allemagne où s'opposaient, comme en 1848, les peuples et les gouvernements, servait moins ceux-là que ceux-ci. Elle tend à être conservatrice comme le *Naturrecht* à être révolutionnaire. Son antipathie pour la Révolution française l'empêchait de consentir à tout ce qui pouvait émanciper les masses. On raconte que la nouvelle du succès de la révolution de 1830 en France hâta la fin de Niebühr. La « Restauration » put plus d'une fois se servir de son

---

1 Cf. Bluntschli. *Op. cit.,* p. 601.
2 Cf. Lévy-Brühl. L'Allemagne depuis Leibniz.
3 Cf. Savigny. Ueber den Beruf unserer Zeit zur Gesetzgebung.

Célestin Bouglé

nom, comme de celui de Savigny, comme de celui de Hegel [1].

Les doctrines des économistes ne devaient pas aboutir aux mêmes conséquences pratiques. Comme les juristes ils obéissent aux aspirations de leur temps et renouvellent leur science à l'idée de la nation. Ils ont souvent montré, en parlant des économistes anglais, comment les circonstances pratiques ont éveillé leurs théories, comment le désir de protester contre une législation restrictive du commerce de grains les a poussés à formuler la loi générale du « Laissez faire ». On peut adapter à leur situation des considérations du même genre. Dühring et Schmoller ont montré comment le désir de développer le protectionnisme avait inspiré à List une première idée de la *nationalœkonomie*. La recherche des réformes pratiques a suscité dans l'économie politique allemande une révolution théorique analogue à celle du droit.

Mais, de théories analogues, les économistes tirent des conséquences toutes différentes de celles que tiraient les juristes. Comme les juristes, les économistes, en combattant le XVIIIe siècle, opposent et préfèrent, à ce qui est mécanique, ce qui est organique [2]. Mais tandis que pour ceux-là c'est l'intervention de l'État, pour ceux-ci, c'est plutôt le libre jeu des égoïsmes qui représente le mécanisme. Et tandis que le juriste demande que l'État laisse agir les forces juridiques, l'économiste en arrive à demander que l'État intervienne pour modifier et réglementer les forces économiques.

C'est que, entre temps, un mouvement différent du nationalisme et qui pourrait aller jusqu'à le contredire, le socialisme, réunissant en lui les forces les plus différentes, celles des catholiques, des conservateurs, des démocrates [3], commençait à peser sur la pensée allemande. À l'Allemagne romantique se substituait peu à peu une Allemagne positive et réaliste [4], qui exigeait un remaniement des sciences sociales elles-mêmes. Les économistes essaieront de diriger le courant qu'ils ne peuvent barrer. Le « socialisme de la chaire » se constitue, et l'on voit l'historisme économique réclamer l'intervention de l'État, dont l'historisme juridique réclamait l'abs-

1 Cf. Bluntschli. *Op. cit.,* p. 446, 624, 633.
2 Cf. Tönnies. Historismus und Rationalismus in Archiv für systematische Philosophie, 1895, Heft 2, p. 230.
3 Cf. Laveleye. *Le socialisme contemporain.* 6e éd., 1891.
4 Cf. Lévy-Brühl. La crise de la Métaphysique en Allemagne. Revue des Deux-Mondes, 15 mai 95, p. 340.

INTRODUCTION

tention.

Là ne se borne pas l'action du socialisme. Non seulement il entraîne la *nationalœkonomie* à tirer des conséquences nouvelles des théories de l'historisme ; il l'amène à réviser ces théories mêmes, et travaille ainsi à la plus récente transformation des sciences sociales. Sans doute on a remarqué que, après avoir été utopique en France, puis scientifique en Allemagne, il semble se contenter aujourd'hui d'être pratique. Mais son action sur la science n'a pas cessé et n'a pas fini de s'exercer. Les critiques même qu'il a appelées ont profité à l'élargissement des sciences sociales. Sa philosophie de l'histoire matérialiste a donné l'exemple d'une étude systématique d'un des facteurs de l'histoire ; et par son excès même, en considérant à tort ce facteur comme le seul, elle a rappelé aux esprits ce qu'ils pouvaient garder des philosophies idéalistes. On a observé, en descendant avec le socialisme dans les questions sociales, qu'elles étaient des questions morales [1] ; on a mieux compris, par suite, l'influence capitale des sentiments et des idées sur l'histoire, et le caractère psychologique des sciences sociales s'en est trouvé plus nettement marqué. Lazarus, Simmel, Wagner, Jhering prendront souvent texte, pour éclairer leurs théories scientifiques, des idées socialistes. De l'aveu de Wagner, ce sont, en grande partie, ces idées qui l'ont réveillé de son sommeil historique, et l'ont forcé à réviser les principes de l'économie politique.

D'une façon générale, le socialisme aide les esprits à sortir des limites un peu trop étroites que le nationalisme leur imposait. Sans doute il ne s'opposera pas en face à celui-ci, trop puissant en Allemagne. Mais il forcera du moins la pensée à se préoccuper des problèmes internationaux, à retrouver, sous la diversité des nations, la ressemblance des classes, sous la diversité des croyances, la ressemblance des besoins. Son action viendra enfin se joindre à celle des nécessités pratiques de toute sorte qui réclament la constitution d'une science de la morale, d'une économie politique, d'un droit universel. Le nationalisme, en retenant l'esprit sur les différences, semblait parfois lui ôter l'espoir de trouver des lois universelles, le décourager de construire des sciences sociales ; le socialisme, en rappelant son attention aux ressemblances, lui permet de reprendre cet espoir, de rendre une valeur à certaines théories

---

1 Cf. Ziegler. *Die soziale Frage eine Sittliche Frage,* traduit par G. Palante, 1893.

Célestin Bouglé

que l'historisme avait détruites.

Combien d'ailleurs il est difficile de rendre à chacune de ces tendances ce qui lui appartient en propre, on ne peut se le dissimuler.
Sous les expressions générales qu'on est obligé de choisir pour ca-
ractériser ces grands mouvements, bien des conceptions particulières, parfois assez différentes, peuvent se cacher. Nous essaierons
de les connaître avec plus de précision, non plus en considérant
dans l'ensemble l'évolution générale des sciences sociales en Allemagne, mais en demandant directement à quelques penseurs
quelle impulsion ils veulent donner à leur science.

INTRODUCTION

Chapitre I

LAZARUS
La psychologie des peuples

Les sciences sociales cherchent une psychologie qui explique l'histoire : telle nous parait être aujourd'hui leur première exigence. Les œuvres de Lazarus [1] s'efforcent d'y répondre.

I

La *Zeitschrift für Völkerpsychologie,* fondée en 1860 par Lazarus et par Steinthal, se proposait de faire coopérer littérateurs, historiens, philologues, juristes, anthropologues, à la construction d'une science qui leur serait utile à tous, la psychologie des peuples. Sitôt que le spécialiste essaie de poursuivre les causes des phénomènes qu'il a observés, il se heurte aux problèmes de lu psychologie sociale et trop souvent s'arrête devant eux. L'histoire surtout, la psychologie individuelle, l'anthropologie enfin les voient à chaque instant surgir.

Quand l'histoire aura découvert les faits passés, critiqué les faits découverts, et même classé les faits critiqués, elle aura fait œuvre de savoir : aura-t-elle fait œuvre de science ? Il faut qu'elle explique les événements, c'est-à-dire découvre leurs causes, et nous montre suivant quelles lois ces causes devaient les produire. L'esprit ne sera

---

1 *Das Leben der Seele,* Bd. I, 3ᵉ éd. Berlin, 1883. — Bd. II, 3e éd., 1885. Bd. III. — 2ᵉ éd., 1882.
Zeitschrift für Völkerpsychologie und Sprachwissenschaft 1860-1870. Cette revue est remplacée et continuée par la Zeitschrift des Vereins für Volkskunde.
Les articles les plus importants qu'ait publiés Lazarus sur le sujet qui nous occupe sont : 1° *Einige synthetische Gedanken zur Völkerpsychologie* ; 2°*Ueber die Ideen in Geschichte, dans* le tome III de la première Revue ; 3° Dans le tome I de la même, les *Einleitende Gedanken,* écrites par Lazarus en collaboration avec Steinthal.
On consultera avec profit, pour éclairer cette idée de la Völkerpsychologie, outre certaines œuvres de Steinthal (Philologie, Geschichle und Psychologie. Allgemeine Ethik. Einleitung in die Psychologie und Sprachwissenschaft), celles de Paul (Paulischen Werke, Halle, 1886) et un article de Wundt (Philosophische Studien IV, 1888).

Célestin Bouglé

satisfait que si on lui fait voir une conséquence dans ce qui n'était pour lui qu'une succession. Il ne lui suffit pas de savoir que telle invention ou telle conquête a eu tel succès : il veut qu'on lui prouve que, en vertu de lois générales, cette invention ou cette conquête devaient avoir ce succès. Or, guerres ou institutions, ce sont toujours des sentiments et des idées qui les font naître et vivre, qui en sont l'âme, qui en cachent les causes ; et les seules lois qui pourront nous apparaître sous l'infini ondoyant des événements historiques seront les lois des sentiments et des idées. On distingue, dans les sciences de la nature, les sciences descriptives et les sciences rationnelles ou explicatives. Les premières nous font connaître les formes des êtres tels qu'ils nous sont donnés ; ce seront, par exemple, l'histoire naturelle, la cosmographie ; les secondes nous découvrent les lois des fonctions, des propriétés, des éléments qui, sous la diversité des êtres concrets, se retrouvent les mêmes : ce seront la physiologie, la physique, la chimie. La vie sociale sera de même décrite par l'histoire et expliquée par la psychologie. La psychologie sera aux sciences de la société ce que la physiologie et la physique sont aux sciences de la nature [1].

Mais, pour qu'elle transforme ainsi l'histoire en lui donnant des lois, il faut que la psychologie se transforme elle-même, et, d'individuelle qu'elle restait, se fasse sociale. Quelle distance en effet et quelle disproportion entre une action purement individuelle et un grand phénomène historique, entre une théorie dans le cerveau d'un Franklin et la domestication de l'électricité dans nos usines, entre un discours dans la bouche de Luther et un mouvement religieux dans toute l'Allemagne ! Entre ces deux termes, l'âme individuelle et l'histoire la disproportion est si éclatante qu'on est tenté de négliger, ou l'une, ou l'autre. Tantôt, on renoncera à adapter à l'histoire toute espèce d'explication psychologique, tantôt, pour lui mieux adapter les explications de la psychologie individuelle, on déformera l'histoire même. Ainsi s'expliquent la plupart des erreurs du XVIIIe siècle. Il faut, si l'on veut les éviter et garder en même temps de la psychologie ce qui est nécessaire à l'histoire, passer de la philosophie du moi à la philosophie du nous, et constituer une psychologie sociale dont les lois éclaireraient l'histoire des peuples,

---

1 Zeitschrift für Völkerpsychologie, I, p. 19. III, 395.

Chapitre I

la biographie de l'humanité, comme les lois de la psychologie individuelle éclairent la biographie des individus.

Dès longtemps en effet les lacunes de la psychologie individuelle
auraient dû se faire sentir. Nous sommes trop portés à prendre ses
postulats pour des réalités : l'individu isolé est son objet d'étude,
mais l'individu n'est isolé que par abstraction [1]. Cette abstraction
nous est habituelle et nous paraît naturelle : la conscience nous
pose en nous opposant, les sens nous montrent les individus séparés par l'espace. Nous croirions volontiers, par suite, quand on
nous fait considérer les individus en masse, en composition, en
société, que ce groupement est l'œuvre de notre intelligence, sorte
d'artifice tout subjectif. Mais l'isolement, non le groupement, est
subjectif. La connaissance, pour constituer la psychologie individuelle, tranche pour ainsi dire dans la vie, et détache les membres
que la réalité présentait unis. Prendre l'individu tel qu'il est donné
à l'observation intérieure, étudier la matière et la forme de son esprit, abstraction faite de la société qui lui offre ou lui impose l'une
et l'autre, c'est un artifice scientifique dont il ne faut pas être dupe.
En faisant la science des mutuelles dépendances des individus, la
psychologie sociale ne construira pas un monde d'abstractions,
elle nous rendra le sentiment de la réalité. Cette solidarité essentielle, on l'a depuis longtemps remarquée dans l'ordre économique ;
leurs intérêts forcent les hommes à en prendre vite conscience, et
les choses économiques, par leur côté matériel, la rendent visible
et comme palpable. Mais pour être cachées aux yeux, les dépendances idéales n'en sont pas moins puissantes. Si quelque prestige
pouvait rendre sensibles ces forces impondérables, le monde des
idées nous apparaîtrait comme un immense réseau de fils ; leurs
points d'entrecroisement seraient nos âmes.

Si donc nous voulons expliquer la forme comme le contenu d'un
esprit individuel, nous devrons partir de l'ensemble : logiquement
et chronologiquement, la société précède l'individu [2]. Elle lui est
ce qu'est l'universel au particulier, le primitif au dérivé. C'est en
elle et par elle qu'il développe toutes ses activités. Par ses idées for-
matrices et ses idées théoriques, elle lui indique ses actions et lui
fournit ses connaissances. Elle s'interpose entre lui et la nature.

---

1 Leben der Seele, III, 405.
2 Leben der Seele, I, 365.

Célestin Bouglé

Plus indiscrète que celle-ci, elle ne se contente pas de se laisser observer, elle nous crie ses vérités par ses mille bouches. Ainsi elle aide l'individu à franchir la distance infinie qui le sépare de la connaissance scientifique des choses. Ceux qui, par hasard, ont été dès l'enfance, privés de son concours, n'ont jamais pu atteindre aux plus humbles privilèges de l'esprit. L'esprit est l'œuvre commune de la société [1].

On peut même soutenir que non seulement nos idées théoriques ou pratiques, mais encore ce qu'il y a en nous de plus intime, la conscience que nous prenons de nous-mêmes, reste dans la dépendance de la société. L'individualité est un produit de l'histoire [2]. Faible à l'origine, pour ne pas dire nul, le sentiment de l'individualité grandit peu à peu sous la pression des circonstances sociales.

D'ailleurs, des sociétés très différentes en grandeur comme en nature peuvent exercer leur influence sur l'individu. Il appartient à une famille, à un corps de métier, à une nation, à l'humanité, et aucun de ces groupements n'est sans action sur sa vie. Il semble cependant, que le plus important d'entre eux soit le peuple [3]. Aucun individu n'appartient purement et simplement à l'humanité sans appartenir à un peuple ; d'autre part, c'est au sein du peuple que se forment les groupes plus étroits auxquels l'individu peut appartenir. Il est donc permis d'appeler psychologie des peuples la psychologie nouvelle, et il convient d'étudier spécialement l'influence des peuples sur ceux qui les composent.

On dira peut-être que le meilleur moyen de connaître et d'expliquer les caractères qui sont communs à une multitude d'individus et en font un peuple est de les rattacher aux phénomènes physiques, à la terre et à la race [4]. Établissant entre ces phénomènes et les phénomènes sociaux des relations de causalité, l'anthropologie ne pourra-t-elle compléter la psychologie individuelle et suppléer à la psychologie des peuples ? Comparée à celle-ci, n'aura-t-elle pas l'avantage de fonder l'histoire, non plus sur le monde invisible et mouvant des pensées, mais sur le monde tangible et immuable des choses ? de faire partager, par suite, aux sciences de la société, la ri-

---

1 Zeitschrift, I, 4 ; Leben, I, 333.
2 *Leben,* III, 381.
3 *Leben,* I, 335.
4 Zeitschrift, I, 12.

gueur des sciences de la nature ? Malheureusement les choses physiques ou même physiologiques ne suffisent pas à déterminer le cours des événements historiques. Les Turcs, observait déjà Hegel, habitent là où les Grecs habitaient ! Bien plus, un même peuple, sur un même sol et sous un même climat, s'élève, puis s'abaisse. La présence de la mer ne donne pas également à tous les peuples du littoral un caractère de marins. D'un autre côté, l'influence de la race est très limitée. Élevez dès l'enfance un Chinois en Europe ; sa tournure d'esprit sera plus européenne que chinoise. Ni le caractère ni l'inleiigence ne distinguent plus aujourd'hui des Allemands les descendants des réfugiés français. L'esprit triomphe de la race comme de la terre. Les peuples sont des principes spirituels.

En vain on essaiera d'en donner une définition autre que psychologique, — une définition géographique, par exemple, ou ethnographique, ou même philologique. Sur une même île des peuples différents se battront. D'une même race sortiront plusieurs peuples, et dans un même peuple on reconnaîtra plusieurs races. On ne peut trouver, sinon dans l'esprit de ceux qui le composent, les vraies frontières d'un peuple. Les langages même ne les marquent pas. Une même langue peut appartenir à des ennemis. — À vrai dire, l'être des peuples ne repose sur aucun rapport objectif, identité de race ou communauté de langue, mais sur des rapports tout subjectifs. Un peuple est un ensemble d'hommes qui se regardent comme un peuple. Il est l'œuvre spirituelle de ceux qui le composent, qui le créent incessamment [1]. Toute son essence est dans les âmes.

Ce n'est pas à dire que les circonstances extérieures soient indifférentes à la constitution d'un peuple. Elles aident au contraire les individus à prendre et à garder celte conscience de leur ressemblance qui les réunit. La communauté géographique leur permet, si l'on peut ainsi dire, de se sentir les coudes, les soumet aux mêmes impressions, les attache aux mêmes intérêts. La communauté généalogique les rassemble, non seulement dans le présent, mais dans le passé, et leur offre des ressemblances physiques qui ne sont pas sans faciliter la communication des âmes. La communauté linguistique enfin leur apporte un patrimoine commun non pas seulement de mois, mais de pensées et de formes de pensées : la langue

---

1 *Leben*, I, 372.

Célestin Bouglé

est pour l'esprit du peuple ce que le sol est pour son corps. Ainsi les rapports objectifs s'impriment sur les dispositions subjectives. Il faut reconnaître seulement que l'action des choses sur la psychologie des peuples n'est pas immédiate et directe. La nature ne forme pas les peuples par une sorte d'opération mystique, les peuples se forment eux-mêmes en profitant, consciemment ou inconsciemment, avec plus ou moins d'adresse ou de bonheur, des données de la nature. Les choses extérieures agissent donc sur l'histoire, mais en passant par l'esprit. Ainsi l'anthropologie ne saurait remplacer la psychologie des peuples.

À vrai dire, la définition que celle-ci nous donne de son objet d'études, le peuple, est toute subjective, et cette subjectivité même est un danger. Ce sentiment qui fait que les individus se considèrent comme un peuple n'est pas le même chez tous les peuples [1]. Pour juger qu'un homme est de leur peuple, l'Américain, le Français, l'Allemand demanderont des signes différents. Les consciences nationales ne se ressemblent pas. La définition de la nation différera donc avec les nations. Par suite on dira peut-être qu'une psychologie des peuples est possible, non une psychologie du peuple, vraiment générale, offrant à l'histoire des lois universelles.

Sans doute, plus encore que les individus, les peuples diffèrent. Et nous n'en trouverons peut-être pas deux que nous puissions, en considérant l'ensemble de leur histoire, faire rentrer sous une même catégorie. Mais, si différents que soient les ensembles, les mêmes éléments peuvent s'y retrouver, soumis aux mêmes lois. On pourra soumettre à une étude abstraite les rapports qui unissent entre eux les différents éléments dont se composent les esprits publics, religion, art, science, droit, économie. On pourra même classer les différentes façons dont ces éléments se distribuent entre les classes et les individus. Enfin, sous la diversité des êtres sociaux concrets, on pourra reconnaître des lois abstraites qui serviront à expliquer le concret même. Malgré les différences qui séparent les peuples, la psychologie sociale aura un objet propre, l'esprit public [2].

On remarquera que cet objet manque d'unité. Vous abusez des mots si vous appelez psychologie la science des phénomènes mul-

---

1 *Leben,* I, 375.
2 Cf. Zeitschrift, III, Synthetische Gedanken für Völkerpsychologie.

tiples que vous rassemblez dans le concept métaphorique d'esprit public. Il n'y a de psychologie que des âmes, et il n'y a d'âme que partout où il y a, sinon substance, du moins unité. Le moi social n'est qu'une unité verbale sous laquelle sont rassemblés les moi individuels, seules unités réelles.

On répondra en distinguant les différentes espèces de l'unité [1]. La psychologie moderne s'occupe moins de l'unité de substance que de l'unité d'activité. Or il arrive souvent qu'une multiplicité d'êtres distincts se fasse une par l'action. En ce sens, le règne inorganique, le règne organique, le règne psychologique enfin nous offrent différents types d'unité qui peuvent se réaliser dans l'âme des peuples. Déjà, dans le règne inorganique, une somme d'éléments distincts, d'atomes, peut produire une action unique, résultant de la similitude de leurs propriétés, de l'égalité de leurs actions individuelles. De même, dans les peuples, l'identité de certaines qualités et de certaines habitudes individuelles pourra produire une unité d'action. Dans le règne organique, nous voyons les unités reposer, souvent, moins sur l'identité, que sur la diversité des propriétés et des fonctions des éléments. Ainsi, dans la vie politique, des activités diverses des individus s'unissent dans une action d'ensemble. L'unité de l'armée naît de la diversité même des fonctions militaires. Mais il faut s'élever encore, et, pour comprendre ce que peut être l'unité de l'esprit public, demander des analogies à l'esprit individuel même. L'esprit ne peut être mesuré que par l'esprit [2]. On se défie de ces assimilations parce qu'on est habitué à considérer l'unité de l'individu comme une unité de simplicité, non comme une unité de composition. Mais il faut se souvenir que, à côté, ou plutôt à l'intérieur de l'unité purement formelle du moi, se constitue au jour le jour, faite pour ainsi dire de pièces et de morceaux, l'unité réelle de l'individu empirique, reposant sur la similitude ou sur la diversité des représentations. L'individu, en ce sens, est un peuple ; aussi bien que le peuple, il est un composé. Une idée est à l'âme individuelle ce que l'âme individuelle est à l'âme sociale [3]. Si bien que, en passant rapidement en revue les principales formes de la vie sociale, nous nous apercevrons qu'elles ont leurs analogues dans les formes de la vie psychologique.

1 Cf. *Leben,* I, 350, 360.
2 *Zeitschrift,* III, 7.
3 *Zeitschrift,* III, 9.

Célestin Bouglé

On peut distinguer quatre formes principales de l'action commune [1].

Le plus souvent l'activité des individus qui composent les groupes est, eu égard à sa fin, purement individuelle. Leur conscience ne les met pas en rapport avec le tout ; ils n'agissent que pour eux. Cependant toutes ces actions individuelles constituent une unité qui, sans qu'elle ait été voulue par les consciences, réagit cependant sur elles. La vie économique, vie « spirituelle » par tant de côtés, enrôle pour ainsi dire les individus, alors même qu'ils ne cherchent que leur propre bien, dans une sorte d'organisme qui, s'il n'est révélé qu'assez tard à la conscience par la science, agit sans discontinuer tant sur les volontés que sur les sentiments des individus. La vie intellectuelle, morale, religieuse, nous offre mille exemples de ces communions qui, pour n'être pas voulues, n'en sont pas moins efficaces. — Ces communions sont d'ailleurs qualitativement inférieures à celles qui se produisent quand les individus mettent leur activité au service de la vie publique et la dirigent vers des fins sociales. La prospérité de l'esprit public dépend de la force avec laquelle les individus savent se représenter et aimer ces fins communes. Mieux les individus prennent conscience de leur fonction sociale et plus l'esprit public est puissant. — Mais, pour en bien comprendre la vie, il ne suffit pas de montrer comment les individus agissent sur lui ; il faut indiquer aussi la façon dont il réagit sur les individus. Organisé, l'esprit public s'appellera l'État. Il n'a d'ailleurs pas besoin pour agir de prendre cette forme. Que l'instruction soit publique ou privée, que le jugement soit légal ou mondain, le tout agit sans relâche, par mille moyens, sur ses parties. — Dans certains cas, enfin, l'union de l'individu et de sa société est telle qu'il ne faut plus parler de l'action de l'un sur l'autre, mais d'une action véritablement publique par laquelle la nation agit comme un seul homme. Tous les individus qui la composent se trouvent réunis pour une action, la défense de la patrie par exemple, dont la fin et la forme ne sont pas données dans l'individu en tant que tel et se trouvent dans l'ensemble.

À ces quatre formes de l'activité sociale correspondent des analogues dans l'esprit individuel. On y verra des représentations, alors même que leur contenu est tout individuel, se lier, se grouper, s'or-

---

1 *Zeitschrift*, III, 21-39.

ganiser, exercer une action d'ensemble. D'autre part, certaines au-
ront pour mission moins de nous présenter un objet particulier
que de régler et de diriger le cours des autres représentations. Ainsi les formes logiques, morales, esthétiques, ont comme la charge
des services publics de l'esprit individuel. De plus, l'ensemble des
représentations ainsi ordonnées exerce sur chaque représentation
particulière une action indéniable analogue à l'action de la société sur l'individu. Enfin certains cas plus rares nous permettent de
saisir dans l'âme une sorte de mobilisation de toutes les idées qui,
malgré leurs différences, collaborent toutes à une action commune, analogue à l'action commune des individus dans certaines
crises de la vie sociale.

Mais, dira-t-on, si exactes que soient ces comparaisons, elles ne
doivent pas nous voiler la différence radicale qui sépare le moi social et le moi individuel. Quelque multiples et divers que soient les
phénomènes particuliers dont celui-ci est constitué, ils se passent
dans une conscience qui elle-même est fait d'expérience ou, mieux,
condition de l'expérience. Mais où est la conscience de l'esprit public ? Entre les consciences individuelles et les choses l'expérience
nous montre-t-elle un substrat particulier des phénomènes sociaux ?

Non, et c'est dans les consciences individuelles d'une part, dans
les choses d'autre part que vivra l'esprit public [1]. Nous pourrons
l'appeler esprit objectif, pour rappeler qu'aucun sujet propre ne
lui correspond et qu'il ne réside que dans les sujets particuliers, et
dans les objets.

Les choses elles-mêmes peuvent en effet garder l'empreinte de
l'esprit, et sont par suite capables de porter les idées, sur de longs
espaces et pendant de longs siècles, de conscience en conscience.
L'homme a la faculté d'objectiver sa pensée. L'esprit s'incarne dans
la matière. Tantôt il la met en mouvement perpétuel ; tantôt il dort
pour ainsi dire en elle, voilé sous des symboles. Les formes de ses
incarnations sont infinies.

L'une des plus fécondes en conséquences est l'incarnation de l'esprit dans l'instrument, outil ou machine. Franklin définissait avec
raison l'homme : un faiseur d'outils. On n'a trop souvent noté que
les avantages ou les inconvénients matériels de l'outillage ou du ma-

1 *Zeitschrift*, III, 43-53.

Célestin Bouglé

chinisme sans en noter les conséquences psychologiques. L'opposition qu'on établit entre le travail à la main et le travail à la machine, n'est pas absolue ; qu'il s'agisse d'un bras de chair ou d'un bras de fer, c'est toujours une force physique au service d'une force psychique. Mais dans la machine un esprit objectif est contenu, qui régit les forces matérielles, et le propre de la machine n'est pas seulement de suppléer ou d'ajouter aux forces matérielles de l'individu, mais de suppléer ou d'ajouter à ses forces spirituelles. La locomotive, transportant en deux heures ce que cent chevaux transportaient en un jour, économise, non pas seulement l'effort moteur des chevaux, mais l'effort intellectuel des cochers, puisqu'elle n'a besoin que d'un mécanicien et d'un chauffeur pendant deux heures. Ainsi les avantages des machines, grandes ou petites, sont plus que quantitatifs ; c'est la qualité qu'elles remplacent ; aux formes de l'esprit individuel, elles substituent ou ajoutent celles d'un esprit plus puissant, le génie de l'inventeur, qui a pris corps dans son œuvre. Le génie d'un James Watt travaille ainsi dans toutes les machines à vapeur et aide perpétuellement l'humanité. Et tandis que l'esprit subjectif qui n'use que du travail manuel meurt avec l'individu, l'esprit qui s'est objectivé dans les choses demeure capable d'un progrès indéfini. — À vrai dire, même au travail manuel correspond un esprit objectif. L'esprit ne s'incarne pas seulement dans la nature extérieure, mais dans le corps humain. Le type psychophysique permet ainsi aux générations d'hériter des mille efforts des siècles passés. L'âme guerrière d'une nation, qui l'aura habituée aux luttes et aux exercices, vivra dans la force et l'adresse de ses fils. — Qu'on ajoute, aux corps et aux machines, les monuments de toutes sortes, qui sont, plus évidemment encore, dépositaires des idées, écoles et églises, poèmes et codes, et l'on comprendra quelle réserve d'esprit l'individu peut trouver dans les choses.

D'ailleurs, ces choses n'agissent pas par elles-mêmes et demandent, pour agir, la collaboration des esprits. Une de nos machines, trouvée par des sauvages, peut leur rester inutile, comme un de leurs monuments, trouvé par nous, peut nous rester incompréhensible. L'esprit objectif ne vit dans les choses que parce qu'il vit dans les consciences.

Cherchons ce qu'il y a de commun aux consciences individuelles d'une nation, et nous obtiendrons la conscience nationale. Cette partie commune est considérable [1]. Les idées qui appartiennent en propre à un individu sont peu de chose auprès de celles qu'il partage avec ses compatriotes. Sans doute il arrive souvent que nous n'avons pas conscience de ce partage, et croyons original un sentiment qui se reproduit autour de nous par milliers d'exemplaires. Mais souvent aussi, nous sentons, nous vivons cette identité des pensées que la science constate ; nous les pensons en les rapportant non plus à notre individu, mais au tout dont nous faisons partie.

D'ailleurs, ce n'est pas seulement un nombre considérable d'états d'esprit qui est commun aux consciences individuelles, c'est encore et surtout un nombre considérable de formes. A côté de la masse il faut distinguer le système de l'esprit public. Il est pour les individus non-seulement un dictionnaire, mais une grammaire. Nous partageons, non seulement des pensées, mais des façons de penser. Par là se trouve déterminé et nationalisé non seulement notre acquis, notre passé, mais notre avenir. La forme se détache de la matière sur laquelle elle nous est apparue, et va s'appliquer sur d'autres. Notre société nous transmet, avec les vérités particulières, des méthodes générales. L'esprit objectif n'est pas seulement, dans tous les esprits individuels, un même airain ou une même statue, mais un même moule.

Ainsi l'esprit public est ce qu'il y a d'universel dans les esprits particuliers, de permanent dans les esprits qui passent. On comprend comment, sur cette identité, toute une vie intellectuelle peut s'élever. Nous pouvons parler non seulement des raisonnements d'un individu, mais de ceux de tout un peuple. Une déduction commence dans la tête d'un individu pour s'achever dans celle d'un autre. Nous posons les prémisses dont nos fils tirent les conclusions. L'identité des activités individuelles qui composent l'esprit objectif lui tient lieu de l'unité du sujet [2].

Mais tous les individus sont-ils également porteurs de l'esprit objectif ? Non sans doute. La langue d'un peuple n'est pas également connue de l'ouvrier, du paysan, du noble, du savant. Tous les Grecs ne portaient pas en eux tous les trésors du génie grec. L'histoire se trompe souvent en étendant à toute une nation le privilège d'une élite. Intellectuel ou matériel, le patrimoine national est inégale-

---

1 *Zeitschrift,* III, 50-80.
2 Zeitschrift, III, 68.

Célestin Bouglé

ment distribué.

D'abord, au sein même de l'esprit public, certaines idées constituent comme la propriété particulière d'un groupe. Par une sorte de division du travail, des habitudes d'esprit différentes se localisent dans des cercles différents. Ainsi se forment les esprits de classes. On pourrait dire que le noble, le bourgeois, l'ouvrier ont chacun leur façon d'être Allemands. Cette diversité même n'est pas sans utilité pour l'esprit public. Chaque classe en entretient une part avec un soin jaloux. Cette différenciation est souvent la condition d'une harmonie supérieure. Mais il ne faut pas qu'elle conduise à une séparation absolue, ou bien à une opposition systématique. L'opposition mettra la haine au cours des classes et déchirera l'esprit public, La séparation fera pis encore, et, mettant au cœur des classes l'indifférence à l'égard des choses qui leur sont communes, elle laissera l'esprit public flotter et tomber lentement. Dans les deux cas, l'âme du peuple est près de sa fin.

D'ailleurs, dans les classes même, des idées communes sont inégalement partagées aux individus. Les uns restent toujours au-dessous de ce niveau moyen. Ils sont à la norme de l'esprit public ce que sont les crétins au type de la race. Ainsi, dans un esprit individuel qui a déjà atteint un certain degré de culture, certains éléments restent inférieurs à ce degré même. D'autre part, il arrive que certains individus dépassent le niveau commun et s'élèvent au-dessus de l'esprit public. Ils ne sont plus seulement passifs, mais actifs et créateurs.

Les hommes de génie sont ces créateurs. Il semble que nous n'ayons plus à parler, ici, de l'influence de l'esprit public. Cependant, même sur les génies, on reconnaît sa marque. Ils créent pour lui, et par lui. Une haute individualité est une synthèse d'idées universelles. Et si elle s'impose et fournit comme un modèle idéal à la conscience nationale, c'est qu'elle répond aux secrètes aspirations de cette même conscience, et donne un corps à ses rêves. Elle ne trouve que pour qui cherchait. On ne comprendrait pas, sans cette harmonie entre les héros et leur société, comment leurs idées pourraient se répandre dans le vulgaire. Pour que le génie mène les peuples, il faut qu'il soit compris des peuples. Et cette intelligence sociale a elle-même pour condition une certaine identité des esprits. Si difficile qu'il soit de lui rendre avec précision ce qui lui

Chapitre I

appartient, l'esprit public vit assurément dans ce qu'il y a de plus individuel, dans l'acte de génie [1].

Ainsi notre science, si elle ne peut pas déterminer la cause dernière de l'individualité, déterminera du moins ce qu'il y a de social dans le mouvement des idées, et nous aidera parla même à comprendre le cours des événements historiques.

II

Il serait aisé, de montrer ce que la sociologie contemporaine presque tout entière doit à cette psychologie ; montrons d'abord ce qu'elle a pris elle-même et ce qu'elle a ajouté aux théories des écoles qui prétendaient, de leur côté, à formuler les lois de l'histoire, — école dialectique, historique, naturaliste.

D'une façon générale, on peut dire d'abord que tous ceux qui signalaient les lacunes de la philosophie individualiste traçaient la route de la psychologie des peuples. Qu'il s'agit des lois du monde économique ou de l'origine des religions, de la formation des poèmes homériques ou de la genèse du droit, le dix-neuvième siècle était porté à rectifier, dans le sens de la psychologie sociale, les théories du dix-huitième. Force des choses, logique des faits, puissance des idées, instinct des races, autant de concepts familiers aux écrivains du dix-neuvième siècle, à l'aide desquels ils essaient de combler la distance qui sépare l'histoire de la psychologie individuelle. Ces concepts sont, à vrai dire, ambigus et vagues. Ils font sentir la nécessité d'une psychologie sociale plutôt qu'ils n'en indiquent les principes. Par force des choses, on entend souvent des forces qui se cachent justement toutes dans les âmes ; par logique des faits, des processus tout étrangers à la logique. On invoque l'instinct des races pour cacher son ignorance des causes, et on en appelle à la puissance des idées quand on ne sait pas comment elles se répandent et se réalisent [2]. Il importait donc de ne pas se contenter d'allusions vagues aux forces qui dépassent l'individu ; il fallait en entreprendre une étude systématique.

Le système de Hegel ne satisfait pas encore à ces exigences. Sans

---

1 *Leben*, I, 385-391.
2 Cf. Zeitschrift, III. Ueber die Ideen in Geschichte.

Célestin Bouglé

doute Hegel distingue et nomme le *Volksgeist* ; en faisant évoluer l'humanité, il caractérise les peuples et indique leurs rapports. En représentant l'histoire comme l'œuvre de l'Idée, il nous prépare à comprendre que des forces spirituelles vivent dans la société même. Mais d'abord son système fait violence à la réalité qu'il s'agit d'expliquer. L'école historique nous a montré les faits tronqués pour le besoin de l'Idée, l'histoire dénaturée par la philosophie de l'histoire. De plus, le système nous donne moins une explication qu'une description abstraite de la réalité historique [1]. Il ne fait que reproduire et exprimer en termes métaphysiques l'évolution des phénomènes. Les Idées représentent la succession des événements plutôt qu'elles n'en indiquent les causes réelles. L'Idée hégélienne eût-elle une réalité métaphysique, il nous faudrait encore savoir comment elle se réalise dans l'histoire, et étudier par conséquent les processus psychologiques. Ainsi, après que le théologien aurait démontré l'existence d'un Dieu, le naturaliste aurait encore à étudier les lois de la nature. À vrai dire, la connaissance de cette Idée serait indifférente à la connaissance des lois des idées : la connaissance des substances est, ainsi, indifférente à la connaissance des lois des phénomènes. Si l'on savait pour quelles raisons météorologiques après la pluie vient le beau temps [2], on n'aurait pas besoin d'invoquer, pour expliquer cette succession, quelque nécessité dialectique de la nature.

Aussi nous redescendrons du ciel sur la terre et substituerons, à la méthode de construction dialectique, une méthode d'observation psychologique. Nous étudierons la marche des idées réelles qui agissent, non pas hors de nous et sans nous, mais dans nos âmes, et principalement dans leur partie commune, qui est l'âme sociale.

On peut d'ailleurs, indépendamment du sens métaphysique, donner deux sens différents au mot idée : ou bien nous le gardons pour désigner ce qu'il y a dans l'âme de formel et d'idéal, opposant aux idées les forces matérielles et grossières. En ce sens il serait faux de soutenir que l'histoire n'est que la vie des idées. On serait déçu si l'on croyait que l'esprit social obéit toujours aux lois de la morale ou de la logique. Ce sont des normes dont le prix peut être absolu sans que leur action soit universelle. Elles définissent un idéal,

---

1 *Zeitschrift*, I, 20, 21.
2 Zeitschrift, III, 467.

mais ne déterminent pas toujours la réalité. Il ne suffit donc pas de les connaître pour comprendre la vie des peuples. Autre chose est prescrire, autre, chose expliquer. Mais on peut opposer les idées aux choses, et, dans ce terme vague d'idées, embrasser l'ensemble des forces psychologiques, même obscures et inconscientes. On verra dès lors qu'il y a peu de phénomènes sociaux qui ne s'expliquent par elles. Nous avons vu que l'action du physique sur le social ne va pas sans l'entremise du psychique. Dans ce qu'on nomme matériel, en science sociale, se cachent des forces psychologiques. En ce sens la philosophie qui cherche à expliquer toute l'histoire par l'action des phénomènes économiques et qu'on a coutume d'appeler matérialiste est mal nommée. Les phénomènes économiques sont tissus de désirs, de croyances, et enfin d'idées proprement dites. Le caractère le plus important de la nouvelle économie politique sera la conscience d'être avant tout une science psychologique. Il n'est peut-être pas un phénomène historique qui ne provienne des idées ou n'y aboutisse. On peut dire, en ce sens, que les idées sont l'histoire même [1] ; tout le reste est leur moyen ou leur conséquence.

On voit que si Lazarus, pour se dégager de l'école dialectique, s'aide de l'école historique, il ne se laisse pas conduire par celle-ci jusqu'à la défiance des idées. Il croit que si l'on veut, pour être aussi objectif que possible, les négliger, on s'interdit de remonter jusqu'aux causes de l'histoire, on se rend par suite très difficile la découverte de ses lois.

Comment ferait-on en effet pour trouver les lois des événements historiques sans connaître les lois des idées ? pour constituer une science de l'histoire sans psychologie ?

On voudrait sans doute, en s'abstenant de toute hypothèse psychologique, comparer les événements concrets tels que l'histoire nous les donne, avec l'ensemble de leurs traits particuliers, remarquer l'ordre de leurs phases, établir la loi de leur évolution [2]. Mais, outre que de pareilles lois seraient très difficiles à formuler, elles ne seraient encore, une fois formulées, que des descriptions, non des explications [3].

Comment les établir ? Comparons, tels qu'ils nous sont donnés,

---

1 Zeitschrift, III, 433.
2 Zeitschrift, III, 416.
3 *Zeitschrift*, III, 86-89.

Célestin Bouglé

les complexus qui constituent les phénomènes historiques ; nous n'en trouverons pas deux qui se ressemblent exactement : l'ordre de leurs différentes phases ne sera pas identique. Analysons psychologiquement au contraire ces mêmes ensembles ; remontons jusqu'aux forces élémentaires et étudions leurs processus. Nous retrouverons, dans les cas concrets les plus différents, le jeu des mêmes lois. Nous pourrons ainsi connaître scientifiquement même les phénomènes historiques qui n'ont pas d'analogues, ceux que jamais on ne verra deux fois, en découvrant les lois universelles conformément auxquelles ils se réalisent. Quand nous dirons, appuyés à la science psychologique, que telle transformation historique devait nécessairement se produire, nous entendrons, non pas seulement qu'elle s'est produite ainsi en fait, toutes les fois que des conditions analogues se sont rencontrées, mais que, en vertu de lois psychologiques universelles, l'esprit public devait ainsi réagir.

L'explication serait ainsi substituée à la description. La connaissance des lois des éléments rend pour ainsi dire inutile celle de la loi d'évolution du composé. Je connais scientifiquement un chêne si je connais les lois physiologiques, chimiques, physiques qui se réalisent en lui. La loi de son évolution n'est pas une cause spéciale qui prend à son service toutes ces lois, elle en énonce seulement les effets. Une loi d'évolution est à la dynamique de l'histoire naturelle ce qu'une notion d'espèce est à sa statique. Elle donne la formule d'un type moyen, produit, dans telles conditions, par telles lois générales, — formule de moins en moins précise à mesure que les êtres sont plus compliquées et leurs conditions d'existence plus variées. Il importera donc d'éclairer l'histoire, plus que toute autre science de composés, par l'élude analytique des causes [1]. Ainsi se justifie la comparaison indiquée plus haut : la psychologie servira de science rationnelle à l'histoire de l'humanité comme la physique et la chimie à la biologie, ou comme la mécanique à la physique et à la chimie.

Cette comparaison mérite de retenir l'attention. Nous la retrouverons, sous différentes formes, chez la plupart des logiciens et des sociologues allemands contemporains [2]. Elle a l'avantage d'opposer

---

1 Zeitschrift, III, 412.
2 Dilthey, Sigwart, Wundt, Wagner, Simmel.

Chapitre I

les sciences descriptives aux sciences explicatives, et de signifier en même temps que, pour être explicatives, les sciences de l'esprit doivent se détacher des sciences de la nature. Mais il faut reconnaître aussi qu'elle prête aux interprétations les plus diverses et cache plus d'un malentendu.

Cette psychologie qui doit « informer » l'histoire sera-t-elle plus abstraite encore que la mécanique et déduira-t-elle, des formes de l'esprit une fois fixées *a priori*, les lois de devenir historique ? Nos auteurs sont loin de l'entendre ainsi. La psychologie nécessaire à la construction des sciences sociales n'est pas une sorte de psychologie sans corps, spéculation sut l'esprit abstrait, indépendamment de toutes conditions physiques et de toutes relations sociales. Personne ne pense plus, suivant Steinthal [1], à tirer les lois de l'histoire de la considération d'une raison intemporelle qui n'aurait ni faim ni soif, ni chaud ni froid. Nous demandons, pour expliquer l'histoire, une psychologie qui connaisse les hommes de chair et d'os, et se fournisse de réalités concrètes.

Mais où prendra-t-elle ces réalités ? L'observation intérieure, tout individuelle, lui en apporte trop peu. C'est justement l'histoire qui doit l'enrichir. Les fins qui peuvent expliquer les faits sont elles-mêmes données à titre de faits et découvertes par la recherche historique. Il apparaît ici que les rapports qui unissent les sciences explicatives aux descriptives diffèrent suivant qu'il s'agit de phénomènes physiques ou de phénomènes sociaux [2]. La connaissance des êtres physiques concrets est indifférente à la construction des lois abstraites du mouvement. Au contraire la connaissance des êtres historiques particuliers est nécessaire à la construction des lois des désirs et des idées. Il y a ainsi entre l'histoire et la psychologie un échange perpétuel [3]. L'esprit, pour constituer les sciences sociales, parcourt un cercle.

Ainsi les lois psychologiques qui doivent servir de prémisses aux sciences sociales ne sont pas acquises par le même procédé que les lois mécaniques : il suit du mode même de leur acquisition qu'elles jouiront d'une moindre universalité. En effet, tandis que les théo-

---

1 Zeitschrift, XVII, Begriff der Völkerpsychologie, p. 251.
2 Cf. Wundt. Ueber Ziele und Wege der Völkerpsychologie, p. 5, in Philosophische Studien, IV, 1888.
3 Leben der Seele, III, 352.

Célestin Bouglé

rèmes des sciences mécaniques valent pour tous les temps et tous les lieux, les abstractions à l'aide desquelles les sciences sociales essaient d'expliquer ce qui se passe dans le temps sont prises dans le temps et passent elles-mêmes : on comprend par suite qu'elles ne puissent s'appliquer au réel que dans certaines limites et sous certaines conditions. Elles ne s'opposent pas aux faits qu'elles veulent expliquer comme l'universel absolu au particulier, mais comme le constant au variable. Le sens commun considère un fait social comme expliqué quand il l'a ramené à un autre plus fréquent : les sciences sociales ne feraient, à un certain point de vue, que perfectionner le procédé du sens commun, en essayant de remonter le plus haut possible, jusqu'aux faits les plus durables. Les points auxquels la psychologie veut pour ainsi dire attacher l'histoire sont eux-mêmes mobiles et entraînés par l'histoire.

Peut-être cependant ne faut-il pas dire pour cela que les lois ainsi obtenues manquent d'universalité, car, suivant la remarque de Wenzel [1], n'est-il pas contradictoire qu'une loi manque d'universalité ? À vrai dire, ces lois sont universelles, mais théoriquement, c'est-à-dire que l'expérience ne nous les montrera pas toujours et partout réalisées. Elles démontrent que si telles conditions sont réunies, tel événement se produira. Mails elles ne démontrent pas que telles conditions doivent être réunies. Or, en fait, les conditions physiques se répètent sans cesse, les conditions sociales, infiniment plus complexes, se prêtent beaucoup moins à la répétition et beaucoup plus à la variation. Ainsi s'explique ce fait qu'une loi, pourtant universelle, ne se réalise que dans un cercle très particulier [2]. La psychologie sociale énoncera telles lois qui ne se réalisent et ne peuvent se réaliser que dans les sociétés supérieures, sans pourtant cesser d'être explicatives.

Toutes ces considérations nous font comprendre la spécificité des objets des sciences sociales, et nous font par suite sentir la nécessité de leur appliquer une méthode propre : elles nous préparent donc à juger la confusion des sciences sociales avec les sciences naturelles, et à mesurer la valeur scientifique des métaphores naturalistes. Lazarus reconnaîtra que les sciences naturelles ont l'avantage de nous habituer à la recherche des éléments et des proces-

---

1 Beiträge zur Logik der Socialwirthschaftslehre. Leipzig, 1894.
2 Zeitschrift für Völkerpsychologie, III, 93.

Chapitre I

sus, et qu'il n'est pas inutile, en ce sens, de transporter leur esprit à l'étude des phénomènes sociaux [1]. Il reconnaîtra encore que, en comparant la société à un organisme, on nous aide à nous dégager de l'atomisme social du XVIIIᵉ siècle. Mais le succès relatif du naturalisme sociologique lui fait sentir les dangers de ces rapprochements. Il juge qu'il a pu être bon d'assimiler sociétés et organismes pour montrer que les unes comme les autres sont objets de science : il est utile aujourd'hui de les différencier et de chercher, par une méthode propre, leurs lois spécifiques. Pendant que Steinthal se déclare affranchi des superstitions naturalistes [2], Lazarus reproche [3] à Schäffle et à Spencer de prendre des analogies pour des explications, les échafaudages pour la construction. Si l'on veut une métaphore qui convienne à l'esprit public, qu'on le compare à l'esprit individuel [4], car on trouvera dans les mouvements de celui-ci, non seulement les modèles, mais les causes des mouvements de celui-là.

Herbart déjà avait noté ce rapport [5] et marqué la supériorité des comparaisons psychologiques sur les comparaisons biologiques. Sur ce point comme sur beaucoup d'autres, il faut, si l'on veut comprendre les habitudes de la pensée de Lazarus, se rappeler la philosophie herbartienne. C'est de ses principes qu'il se réclame pour prendre position entre l'école dialectique, l'école historique et l'école naturaliste. La psychologie des peuples est en effet dans la logique du système de Herbart. Les modifications qu'il apporte à la psychologie individuelle semblent faites pour permettre la constitution d'une psychologie sociale. Dans sa lutte contre la doctrine des facultés, il apprenait à considérer les représentations comme des centres de force, et à les détacher de l'unité du moi. Il préparait les esprits à admettre une sorte de psychologie sans moi, qui étudierait le mouvement des représentations en dehors des consciences individuelles, dans la société même.

Cette alliance de la psychologie sociale avec la philosophie herbartienne n'est d'ailleurs pas sans danger. Le sort de l'une paraîtra lié au sort de l'autre. Et si le mouvement des esprits les éloigne des

1 Zeitschrift, III, 387.
2 Zeitschrift des Vereins für Volkskunde, I, 1891, p. 14.
3 Dans son cours à l'Université de Berlin.
4 Zeitschrift, III, 9.
5 Tome IX des *Œuvres complètes*. Ed. Hartenstein, p. 205, 212, 216.

Célestin Bouglé

postulats de Herbart, si la réaction, sensible en Allemagne comme ailleurs, contre toutes les espèces de ce qu'on a appelé l'« atomisme psychologique » les pousse à adopter une dynamique plutôt qu'une mécanique de l'esprit, à étudier les phénomènes spirituels moins dans leurs prétendus éléments que dans leur ensemble, dans leur rapport au moi, peut-être soutiendra-t-on [1], contre les partisans de la psychologie des peuples, qu'il n'y a de psychologie que des individus.

Ainsi s'explique l'objection classique cent fois portée contre la psychologie sociale. On veut enfermer ses adeptes dans ce dilemme : ou vous affirmez, ou vous niez l'existence d'une conscience sociale distincte des consciences individuelles. Dans le premier cas, vous personnifiez une abstraction et revenez à la mythologie, ou du moins à la métaphysique ; dans le second, vous ôtez sa raison d'être une science particulière à votre psychologie, et revenez à la psychologie individuelle. Lazarus peut aisément échapper à la première de ces objections ; pour y échapper il n'a pas besoin d'imaginer, comme paraissent le faire Post ou Gumplowicz, une psychologie sans sujet, aux termes de laquelle on ne dirait pas, « je pense », mais « il pense en moi », comme on dit : « il pleut sur la ville ». Nous avons vu qu'il prend en effet pour objet de sa science les parties communes des consciences individuelles. — Mais peut-être n'évite-t-il la première objection qu'en tombant sous la seconde. La psychologie sociale reste-t-elle une science à part, ou n'est-elle qu'une dépendance, une application de la psychologie individuelle ?

Quand on compare le rapport de la psychologie sociale avec les sciences de l'histoire à celui de la mécanique avec les sciences de la nature, on donne à penser que la psychologie sociale a pour objet d'étude des éléments simples et des causes dernières. La conscience sociale est-elle cependant une cause élémentaire ? N'est-ce pas plutôt un effet qu'il faut rapporter à ses causes ? Un composé qu'il faut résoudre en ses éléments ? Nous avons vu que la psychologie sociale reproche aux théories des écoles dialectique, historique et naturaliste, de ne pas être assez explicatives ; ne pourrait-on lui

---

1 Cf. Sigwart. *Logik* II, *Methodenlehre*, 2ᵉ éd. 1893, p. 615. — On peut rapprocher de son opinion celle de Wundt, assez différente. Cf. sa *Logik* II, 2e *Abt.* 2ᵉ éd., 1895, p. 233

Chapitre I

reprocher de s'arrêter à son tour dans l'explication, si elle ne re-
montait pas aux individus, éléments et causes des phénomènes
sociaux ? La conscience sociale résulte de la ressemblance naturelle on acquise des consciences individuelles. Demandez-vous
quelles influences naturelles ont imposé aux individus des sentiments différents ou analogues, quels moyens leur ont permis de les
échanger, de les confirmer ou de les modifier les uns par les autres ;
posez-vous le problème de la communication des consciences
individuelles, et vous aurez une connaissance analytique de la
conscience sociale. Dès lors, ce que la psychologie sociale veut être
à l'histoire, la psychologie individuelle l'est à la psychologie sociale
elle-même. Celle-ci ne se détacherait donc de la métaphysique que
pour perdre aussitôt son indépendance.

Quoiqu'il en soit, et qu'on doive regarder la psychologie sociale
comme une partie de la psychologie proprement dite ou comme
une science à part, l'effort qu'on a fait pour la constituer a eu le
mérite d'amener à la lumière un grand nombre de phénomènes
inaperçus. Nous allons voir, en examinant l'état de la science de
la morale, du droit, de l'économie politique, combien leur est nécessaire une connaissance des lois générales de ces mêmes phénomènes. Les sciences sociales particulières nous apparaîtront toutes
comme des applications de la psychologie sociale.

Célestin Bouglé

Chapitre II

G. SIMMEL
La science de la morale

De toutes les sciences sociales, la science de la morale est peut-être la plus utile, mais aussi la moins facile à constituer. Plus que toute autre, les exigences pratiques l'appellent et en même temps l'entravent. Demandons à Simmel [1] de nous préciser ces difficultés, et de nous indiquer, s'il se peut, le moyen de les faire disparaître.

I

Pour donner à l'éthique le caractère d'une science, il faut substituer, aux impératifs et aux abstractions en usage, l'analyse historique. Il appartient à la psychologie, à la sociologie, à l'histoire, qui nous font distinguer dans les formes sociales tantôt la cause, tantôt l'effet des forces morales, d'édifier peu à peu, à force d'observations, la science de l'éthique. Que cette science soit à jamais refusée à la spéculation abstraite, Simmel se propose de le démontrer, précisément en spéculant sur les notions morales. Leur simplicité apparaîtra illusoire, et leur sens indéfinissable. Notions indéterminées,

[1] Uber sociale Differenzierung, Leipzig, 1890. — Einleitung in die Moralwissenschaft, 2 vol., Berlin, 1892-93. — Die Probleme der Geschichtsphilosophie. Berlin, 1893.

Simmel a publié en outre de nombreux articles de Revue, dans la Zeitschrift für Völkerspsychologie (Psychologie der Frau) dans le Jharbuch für Gesetzgebung (Psychologie des Gelds, 1889), dans la Revue de Métaphysique (Le Problème de la sociologie, 1894), dans l'International Journal of Ethics (Comment les imperfections morales peuvent développer des fonctions intellectuelles, 1894), dans l'Archiv für Systematische Philosophie (Ueber eine Beziehung der Selectionslehre zur Erkenntnistheorie, 1895). Il enseigne actuellement la sociologie à l'Université de Berlin.

Pour bien comprendre la distinction radicale qu'il prétend établir entre la morale et la science de la morale, on rapprochera avec profit de son œuvre celle de Steinthal (*Allgemeine Ethik.* Berlin, 1885), de *Staudinger (Das Sittengesetz.* Darmstadt, 1887), de Wundt (*Ethik,* 2ᵉ éd. Stuttgart, 1890), de Paulsen, (*System der Ethik.* Berlin, 1889) et les articles de Ehrenfels (*Werththeorie und Ethik* in *Vieteeljahrschritf für wissenschaftliche Philosophie,* 1893-94).

prêtant à des interprétations diverses et même contraires, elles sont l'œuvre de ce que Simmel appelle, en prenant le mot dans son acception vulgaire, le platonisme de l'esprit, le péché qui consiste à transformer les réalités en abstractions, puis ces abstractions en réalités. Il faut donc, en appliquant à la morale la critique de la connaissance, pousser la pensée abstraite jusqu'au point où elle doit renoncer à elle-même, et céder la place à l'observation. Simmel espère ainsi, sans prendre parti pour aucun impératif, et sans formuler à son tour aucune morale positive, préparer l'esprit à la naissance d'une science positive de la morale.

Le but entraîne la méthode. Elle consistera, une notion morale étant posée, à la traiter, pour ainsi dire, dialectiquement tout d'abord, à essayer de lui appliquer des définitions pour démontrer qu'elle est indéfinissable, à prouver, comme par jeu, qu'on peut tirer les conceptions les plus différentes d'un même principe, ou une même conception des principes les plus différents. Elle devra en même temps indiquer les idées psychologiques, sociales, historiques, qui se cachent dans ces abstractions mêmes, et montrer comment l'esprit, en construisant celles-ci, obéit encore à celles-là. Ce sera en un mot un mélange de dialectique et d'histoire, destiné à découvrir, en même temps que les illusions de la pensée, les réalités qui les expliquent.

Ce but et cette méthode laissent comprendre pourquoi l'Introduction de Simmel n'a pas, ainsi qu'il le reconnaît lui-même [1], d'unité systématique. Il analyse l'une après l'autre un certain nombre de notions morales courantes, regardées à tort comme des unités et des forces, devoir, égoïsme, bonheur, liberté ; et il fait partir son analyse des points les plus différents, son but étant justement de prouver que, des points les plus différents, une même notion peut être déduite. Aussi ne pouvons-nous résumer dans leur suite ces chapitres si abondants en déductions et en observations ingénieuses. Un tel livre ne comporte qu'une unité d'inspiration. Nous nous bornerons à essayer, par quelques exemples, de mettre cette unité en lumière. S'agit-il de prouver que l'idée du devoir ne peut servir à la construction d'une science de la morale [2], Simmel établira tout d'abord, pas une dialectique idéaliste, que cette idée

---

1 Einleitung in die Moralwissenschaft, II, Vorrede.
2 *Einleitung*, I, p. 1-84.

Célestin Bouglé

est une pure forme, indifférente à toute matière. Il comparera sous ce rapport l'idée du Devoir à l'idée de l'Être : la psychologie critique prouve que de l'une comme de l'autre on ne peut rien tirer, et dénonce l'ontologie morale comme l'ontologie métaphysique. La spéculation sur le Devoir et l'Être est impuissante à déterminer les objets de nos représentations ou de nos actions ; car le Devoir et l'Être n'entrent pas dans la série de ces objets, mais seulement dans la série des formes psychologiques, que l'expérience peut adapter à toutes les matières. Chacune de nos représentations comprend en effet deux éléments, l'objet, puis le sentiment qui l'accompagne, qui nous dit, par exemple, si l'objet est réel ou seulement idéal. Le réel et l'idéal, encore confondus pour le sauvage, pour l'enfant, pour le primitif qui croit invinciblement à la réalité de leurs idées, se distinguent peu à peu sous les pressions de l'expérience. Mais cette distinction, à laquelle des chemins différents nous conduisent, ne nous fait jamais sortir de l'esprit. C'est toujours une attitude de l'esprit, un sentiment, qui fait l'opposition du réel et de l'idéal ; et l'on peut dire ainsi qu'entre ces deux termes, qui désignent des propriétés non des choses, mais de la pensée, il n'y a qu'une différence de sentiment. A fortiori, les intermédiaires qui relient ces extrêmes ne seront pas autre chose que des qualités psychologiques. Vouloir, espoir, pouvoir, — autant d'états de l'esprit qui échelonnent les choses entre le réel et l'idéal. Ils transposent pour ainsi dire une même mélodie en des tonalités différentes. Le devoir est un de ces tons, une façon de penser comme le futur ou le prétérit, une forme qu'on peut appliquer à toutes les matières, et séparer de toutes les matières. Kant, en spéculant sur le Devoir, commettait donc à son tour l'erreur qu'il reprochait à ceux qui spéculaient sur l'Être. Le Devoir, comme l'Être, n'est qu'un nom pour certains caractères psychologiques de nos représentations ; c'est dire que l'Être et le Devoir ne seront pas prouvés, mais seulement vécus et sentis. Prouver qu'un objet est réel, ou qu'une action est due, ce n'est pas autre chose que ramener à la conscience les conditions qui permettent la renaissance de cet état psychologique que nous appelons réalité ou devoir. La logique ne crée pas ces états, elle les suppose. Il faut donc, pour qu'elle nous démontre un devoir, qu'un devoir nous soit déjà donné ; elle ne peut que nous en faire éprouver, en quelque sorte, le sentiment. En un mot, on nous fait

Chapitre II

reconnaître le Devoir comme l'Être : on ne déduit ni l'un ni l'autre de purs concepts. C'est pourquoi ni le premier Être ni le premier Devoir ne seront jamais susceptibles de preuve. Un moraliste déduit les devoirs particuliers d'un devoir une fois posé, recherche du bonheur universel, obéissance à la volonté divine, culture de la personnalité ; mais d'où ce premier devoir se déduit-il à son tour, on ne peut le dire. Dans la série des devoirs, chaque terme emprunte sa valeur au terme suivant, mais le terme dernier sur qui retombe, pour ainsi dire, la responsabilité de toute la série, se dérobe à toute déduction. Il en est de lui comme de ces axiomes qui servent à tout prouver sans être prouvés eux-mêmes. Le Devoir est un absolu, c'est-à-dire qu'il reste sans fondement logique.

Ce caractère logique du concept abstrait du devoir est le symbole du caractère psychologique de ses contenus. Leur propre est de ne pas s'expliquer à la conscience. Elle ne remonte pas loin dans la série des causes qui permettent d'expliquer pourquoi tel acte est un devoir. Celles-ci sont comme perdues dans la multiplicité des relations sociales, passées et présentes. La foule des intérêts et des sentiments dont la lutte ou l'association produit les formes de notre activité morale est trop grande pour permettre à l'esprit de se fixer sur une représentation déterminée ; elle reste sous le seuil de la conscience, donnant ainsi aux devoirs, qu'elle fonde, l'apparence de faits sans fondement, premiers, causes d'eux-mêmes. Ils obtiennent de la sorte une autorité sacrée ; car nous idéalisons l'obscur et l'inconnu. Ce n'est pas notre science, mais bien plutôt notre ignorance de tout ce qui est compris et caché dans nos devoirs qui fait leur force morale. La conscience résume ainsi et condense en autant d'absolus les nécessités relatives qui sont nées au cours de l'histoire. Une chose ne nous paraît purement morale que si elle conserve ce caractère mystique ; nous l'attribuons alors non à des causes phénoménales mais à des causes transcendantes et inconditionnelles. Les deux termes, entre lesquels est enfermée toute l'activité morale, le point de départ et le but dernier, la liberté et le devoir, expriment, tous deux à leur manière, ce môme sentiment. Les causes psychologiques qui font la nécessité de nos devoirs disparaissent dans l'inconscient ; la nécessité seule reste, comme un héritage qui nous paraît, si l'on peut dire, tomber du ciel. C'est pourquoi les principes de la morale nous apparaissent

Célestin Bouglé

comme inconditionnels. Ainsi l'histoire de nos états d'esprit reflète ou plutôt éclaire nos efforts et notre impuissance logiques. Livrée à elle-même, la logique ne nous indique en effet aucun devoir. Les principes des divers systèmes de morale supposent l'idéal qu'ils prétendent fonder. Le principe du juste milieu, par exemple, suppose que ce qui est moral est déjà déterminé en fait. Car, théoriquement, la distance qui doit nous séparer de l'un des extrêmes n'est déterminée que par celle qui doit nous séparer de l'autre ; mais celle-ci à son tour est fonction de celle-là. Vouloir tirer une règle du principe du juste milieu, ce serait donc vouloir fixer un point à l'aide de deux grandeurs variables et fonctions l'une de l'autre [1]. Le point fixe est toujours un idéal moral antérieurement constaté. Les principes moraux ne sont que les formules analytiques de cette réalité donnée. C'est l'histoire qui se charge de remplir les formules vides de la logique.

L'histoire s'y prend de cent façons différentes. Tantôt c'est une contrainte qui engendre un devoir. Tel acte, accompli d'abord par force, s'accomplit bientôt par conscience. Tantôt, c'est une fin qui impose telle forme à notre activité ; la fin disparaît, la forme reste. Souvent enfin, le devoir naît du fait seul, sans plus. Il suffit, parfois, qu'une chose ait longtemps existé pour qu'elle nous semble avoir droit à l'existence, pour qu'elle s'impose. Il y a là une sorte d'habitude de la conscience analogue à l'induction : parce qu'un fait se répète souvent, on croit qu'il doit se répéter encore. Un acte nous paraît souvent expliqué et justifié si nous constatons seulement qu'il est habituel, que « cela se fait ». Nous disons que l'acte est « normal », mot qui exprime à la fois qu'il est fait et devoir, fait pour l'ensemble des individus, la société, la race, devoir pour l'individu. L'idée de la race, dont on dit souvent qu'elle est l'idéal de l'individu, n'est rien que le résumé des qualités réelles de cette race, découvertes par l'histoire. C'est la réalité qui détermine l'idéal. Ce qui est doit être : sorte de pléonasme de la moralité dont les métaphysiques nous offrent comme une illustration, en définissant le mal parle non-être, et en nous commandant de nier ce qui n'existe pas. Entre le Devoir et l'Être, l'histoire établit souvent le même rapport, d'identité. Mais elle peut établir aussi le rapport contraire. Et cela même prouve bien le caractère purement formel du Devoir,

---

1 Einleitung, I, 48.

qui se laisse remplir par les contenus les plus différents. Le manque de réalité crée aussi souvent des devoirs que la réalité. Ce qui n'est pas est l'idéal. Ainsi nous estimons et idéalisons tantôt ce que nous avons, tantôt ce que nous n'avons pas, tantôt le présent, tantôt le passé, tantôt l'avenir. Le devoir combat le fait. Un penchant moral porte les hommes à protester contre la réalité, à prendre, contre la majorité, le parti de la minorité, à dresser, contre l'idée de leur race, leur idéal personnel. Les plus beaux efforts moraux sont nés de l'opposition à la morale courante, de la négation du fait. Ainsi l'esprit d'opposition, aussi bien que l'esprit de conservation, fait la morale. De même que notre connaissance comprend à la fois le principe de la permanence et celui du changement, est à la fois éléate et héraclitéenne, de même que notre organisme contient la puissance de conservation et celle d'adaptation, de même notre morale prend sa matière d'une main dans ce qui est, parce que cela est, de l'autre dans ce qui n'est pas, parce que cela n'est pas. Comme l'amour naît de πόρος et de πνία, le Devoir naît de l'Être et du non-Être.

Mais cet Être et ce non-Être qui constituent le devoir, sont, pour M. Simmel, des faits psychologiques, et non des idées métaphysiques. Les idées métaphysiques, images et symboles, empruntent toute leur vie aux réalités historiques. On ne peut mieux éclairer un concept qu'en découvrant les relations sociales et psychologiques dont il est l'expression. Ainsi pour comprendre l'idée de liberté, il faudra connaître les libertés réelles, dans leur rapport avec les droits et les pouvoirs [1]. Ainsi l'analyse psychologique des devoirs trahit les causes de l'indétermination du devoir. L'ontologie ne peut expliquer les processus historiques : l'histoire au contraire peut expliquer les processus ontologiques. C'est pourquoi la science de la morale doit substituer à la spéculation logique l'observation réelle.

Dans sa critique de l'idée du devoir Simmel semblait, parfois, faire cause commune avec les morales naturalistes. Mais ce n'était qu'une alliance d'un instant. Il est aussi sévère pour les théoriciens de l'égoïsme que pour ceux du devoir. La critique de l'idée de l'égoïsme [2] nous fera comprendre quelle place il veut occuper au-dessus de tous les systèmes de morale particuliers, dévoilant

---

1 *Einleitung,* II, 131-205.
2 *Einleitung,* I, 85-212.

Célestin Bouglé

dans l'un ou dans l'autre, avec l'indifférence de la science, les mêmes prétentions et les mêmes erreurs.

Pour faire la théorie de l'égoïsme on s'appuie sur la connaissance, soit de la nature, soit de l'esprit.

La vie sous toutes les formes, dira-t-on, nous apprend que l'égoïsme est plus naturel que l'altruisme. Celui-ci n'est qu'une exception, bien plus, qu'une apparence. L'expliquer, c'est le réduire à l'égoïsme. On fait ainsi l'éloge indirect de l'égoïsme ; avec la pensée qu'il est naturel, on s'y résigne aisément, on en prend son parti, on regarde l'altruisme comme une véritable folie : résister à l'égoïsme, autant vaudrait résister, par exemple, au principe de causalité. Ainsi l'égoïsme se pose en fait, d'abord, puis en idéal. Mais que signifie cette affirmation : « L'égoïsme est plus naturel que l'altruisme » ? Elle signifie ou qu'il est plus général, ou qu'il est plus primitif, ou qu'il est plus simple.

Est-il plus général ? La psychologie critique nous fera remarquer d'abord la difficulté qu'on éprouve à le définir et à le constater. Sans parler de l'hypocrisie, qui parfois est dupe d'elle-même, il se fait dans l'esprit, à chaque instant de la vie morale, une telle combinaison de motifs conscients et inconscients que l'auteur même de l'acte ne saurait, la plupart du temps, le qualifier avec précision. L'égoïste n'est pas isolé, et ne tire pas de lui seul la fin, puis les moyens de son activité. En admettant que sa fin soit primitivement tout individuelle, il ne peut le plus souvent l'atteindre que par la société. Elle seule lui assure, par son droit, par son commerce, l'acquisition et la jouissance de ce qu'il souhaite. Elle le fait forcément passer par ses institutions et ses coutumes. Il en sort transformé. Les moyens sociaux réagissent sur le but individuel, la réalisation sur l'intention. Car, suivant la loi qui dirige toute l'histoire de la morale, les moyens, insensiblement, deviennent fins. L'égoïsme et l'altruisme se mêlent ainsi, comme malgré eux ; et ce mélange ne laisse pas discerner lequel des deux est le plus naturel.

L'égoïsme serait-il donc chronologiquement antérieur à l'altruisme ? Qui dit « antérieur », d'abord, ne dit pas forcément « plus naturel ». A ce compte ne faudrait-il pas dire que la faim est plus naturelle que l'amour ? Et puis, s'il fallait absolument choisir, peut-être devrions-nous reconnaître que l'altruisme est plus primitif

Chapitre II

que l'égoïsme. Par hommes primitifs, en effet, nous ne pouvons entendre que des hommes réunis en société. (Un homme qui ne serait pas un animal social serait tellement différent de nous par toutes ses facultés qu'il serait difficile de lui conserver le nom d'homme.) Or, plus les sociétés sont primitives, inorganisées, menacées, plus elles exigent, de la part de l'individu, le dévouement au but commun, l'abnégation, l'altruisme.

Dira-t-on que l'égoïsme est le principe le plus simple, le plus naturel, que par suite il contient l'explication de l'autre, qu'il faut le poser comme étant le principe destiné à éclairer la science de la morale ? Mais d'abord simplicité n'est pas toujours preuve de réalité. C'est une illusion de croire que la nature agit toujours par les voies les plus simples. Et puis on ne demeure satisfait des explications de faits sociaux ou moraux par l'égoïsme que si l'on s'en tient à une conception atomistique de la société. Elles paraîtront trop « simplistes » à qui se rappelle le nombre incalculable d'actions sociales qui président à la naissance de toute action individuelle. En fait, l'altruisme a été l'hypothèse directrice à laquelle les sciences sociales ont dû leurs derniers progrès. Il ne nous reste donc aucune raison de croire qu'il est moins naturel que l'égoïsme.

À vrai dire, une épithète comme celle de naturel ne détermine aucun caractère. Ou bien, elle est pure forme, et alors, s'appliquant à tout, elle ne peut servir à rien distinguer. Ou bien elle s'applique à certains phénomènes seulement, elle a une matière, mais cette matière lui vient du dehors, apportée par l'histoire, non construite par la logique. Il en est ainsi delà raison, qu'on veut quelquefois opposer à la nature, comme la moralité à l'égoïsme. Ou bien on prend la raison dans son sens défini, la capacité de déduire et de raisonner, et alors, dit Simmel [1], je demande, malgré Kant, ce qu'il peut y avoir de commun entre ma volonté de préférer l'avantage des autres au mien propre, et le pouvoir de tirer de certaines prémisses une conclusion. Ou bien on embrasse dans l'idée de raison celle de conscience et d'âme. Les distinctions qu'on introduit après coup dans cette confusion sont d'origine non plus logique, mais historique et psychologique. La raison, instrument des philosophes, devient leur fin, en vertu de la même loi dont nous avons si souvent constaté l'effet. Il reste que, logiquement, une vie égoïste

---

1 Einleitung, 1, 99.

Célestin Bouglé

n'est pas moins rationnelle qu'une vie morale, que, d'un autre côté, elle n'est pas plus naturelle. Raison et nature sont abstractions également vides. La réalité déborde de l'infini nos abstractions ; c'est pourquoi elle se prête aux unes et aux autres avec la même générosité. Elle se plie également au pessimisme et à l'optimisme, nous y pouvons trouver des contradictions ou des harmonies, des exemples d'altruisme autant que d'égoïsme, l'exaltation à côté de l'abaissement de l'individu. Elle ne nous donne aucune leçon parce qu'elle les donne toutes. L'observation ne peut donc fonder la théorie de l'égoïsme.

Essaiera-t-on de la déduire d'une théorie de la connaissance ? On dira par exemple : Je ne peux sortir de moi-même. Toutes volontés, comme toutes représentations, sont miennes. Je ne peux vouloir que mes buts. L'intérêt des autres ne me touche que par mon intérêt, car je ne peux me le représenter que par mes représentations. Mais parler ainsi, ce n'est rien expliquer. Enfermés dans le sujet, l'altruisme et l'égoïsme ne cessent pas de s'opposer ; quand on a une fois prouvé que tout objet est dans le sujet, cela n'efface en aucune façon, au sein du sujet même, la distinction entre le subjectif et l'objectif, ou si l'on veut, entre le plus et le moins subjectif. Le caractère subjectif de mes motifs ne détermine donc en aucun sens leur caractère moral. C'est encore une fois une forme dont ne se déduit aucun contenu. La preuve en est que, de cette même forme, les contenus les plus différents ont été déduits. Du moi, où l'on a fait rentrer toute la réalité, on fait sortir les règles les plus opposées. L'idéalisme semble consacrer, tantôt l'égoïsme, tantôt l'altruisme. Selon Schopenhauer, quand j'ai une fois reconnu que les souffrances des autres sont miennes, je ne puis plus être égoïste ; mais je puis dire, d'un autre côté, que cette même identité ne me donne aucune raison de sacrifier mon bonheur propre à celui des autres. Une théorie de la connaissance ne peut donc commander, ni même définir l'égoïsme ou l'altruisme. Le moi, point de départ de ces déductions, est en effet la forme vide par excellence, où tous les éléments peuvent entrer.

Ces éléments qui, nés au cours de l'histoire, se combattent ou s'organisent, sont les facteurs réels de la moralité, et la complexité de leurs relations ne se laisse pas définir par les abstractions des théories morales. La société, la réunion des individus impose à chacun d'eux ses volontés. Elles sont comme résumées dans les ordres de notre conscience : nous devons obéir à la plus grande somme de volontés possible. Or le but dernier de ce concert de volontés nous échappe ; elles s'en rejettent pour ainsi dire la responsabilité de l'une à l'autre. On peut dire en ce sens que notre devoir se fonde réellement sur une régression à l'infini, sur une faute de logique. Mais à cette faute de logique un certain mode d'action psychologique correspond. Pour notre conscience, une régression à l'infini s'arrête forcément à un certain point, laissant seulement aux devoirs qu'elle devait expliquer un caractère vague et indéterminé. Indétermination difficile à dissiper ; car notre conscience ne nous présente pas seulement la résultante unique de volontés dont nous ne pouvons mesurer ni le nombre, ni l'intensité ; elle nous présente simultanément les résultantes de volontés qui diffèrent, et parfois s'opposent. Les cercles sociaux dont nous faisons partie s'entrecroisent en notre conscience morale : et nous ne pouvons pas déterminer si tel acte est égoïste ou altruiste, car, altruiste par rapport à l'un de ces cercles, la famille par exemple, ou la cité, il peut être égoïste par rapport à l'autre, la patrie ou l'humanité. Tel autre acte se refuse encore plus nettement à ces qualifications ; il n'est plus déterminé par l'intérêt des sujets, mais par l'amour d'un objet, par la pure idée du bien, par exemple. Ainsi, de mille façons, la réalité échappe à la prise de ces abstractions. Les mots d'égoïsme et d'altruisme ne peuvent plus nous apparaître que comme des dénominations *a potiori,* non comme des conceptions capables de fonder une science de la morale.

La source de ces abstractions, dont on voudrait faire découler la multiplicité des faits moraux, est la croyance au moi, un et permanent. De ce même moi on veut déduire, soit l'égoïsme, soit le devoir. On ne voit pas que le moi qui seul importe à la morale n'est que le point d'intersection des cercles sociaux. Alors même qu'il s'oppose à la société qui l'entoure, sa personnalité, son indépendance sont œuvres des lois de la différenciation sociale, conséquences de l'extension et de la multiplication des groupes auxquels il appartient [1]. Les tendances morales sont les résultantes de mouvements partis de points différents. L'étude spéciale de ces diverses composantes du moi réel doit remplacer la spéculation sur le moi

---

1 Ueber Sociale Differenzierung.

Célestin Bouglé

abstrait. Cédant au désir de l'unité, celle-ci essaie de réduire la réalité morale à un seul principe. Elle ne peut s'arrêter à la constatation des buts différents proposés par l'histoire à l'activité humaine ; elle veut poser au-dessus d'eux un but dernier dont tous les autres dériveront. Elle méconnaît ainsi les origines et les destinations variées des phénomènes éthiques, pressée d'enfermer la morale entre une seule cause et une seule fin. C'est ce que Simmel appelle le monisme éthique, péché originel de toutes les théories abstraites de la morale.

Les réflexions de Simmel sur les conflits de devoirs [1] vont nous apprendre comment il combat le principe même, et non plus seulement telle ou telle forme déterminée, de ce monisme.

Le seul fait du conflit des devoirs suffirait, suivant Simmel, à exclure de la science de la morale, pour un esprit non prévenu par quelque impératif, le postulat moniste. L'observation des « forces réelles » de la morale nous apprend que ce conflit n'est pas toujours, comme le voudraient les théories, une apparence ou un accident, ou un état provisoire. Parmi les groupes sociaux auxquels nous tenons, et dont les intérêts peuvent, dans notre conscience, lutter entre eux, ou lutter avec nos intérêts propres, il en est dont cette lutte est pour ainsi dire la raison d'être. Telle forme sociale ne naît que *contre* telle autre. Souvent même des formes sociales parentes, d'origine commune, comme la famille et l'État, seront amenées, par leur développement historique, à opposer leurs exigences morales sans qu'aucune, des deux puissent renoncer aux siennes. Ainsi s'élèvent dans la conscience de l'individu des conflits essentiels, sans solution logique. Le sentiment de ces oppositions irréconciliables est peut-être le sentiment tragique par excellence. Nous nous rendons compte qu'elles survivent à ceux qui les ressentent et qui meurent par elles : la lutte des lois religieuses et des lois politiques ne meurt pas avec Antigone. D'un autre côté, les formes sociales qui ont engendré ces conflits peuvent disparaître sans les supprimer. Les groupes sociaux n'ont pas besoin d'être vivants pour se combattre dans nos consciences. Leur esprit demeure et entre en lutte avec l'esprit nouveau. Ainsi les conceptions du passé subsistent dans notre sentiment et s'opposent, à chaque heure, aux conceptions du présent que notre intelligence nous apporte.

---

1 *Einleitung*, II, 188-426.

Nos connaissances vont plus vite que nos sentiments. Quand nos conceptions actuelles, conformes à l'état de notre connaissance, seront descendues dans l'inconscient et devenues sentimentales, la connaissance aura progressé. Ainsi ces deux forces, le sentiment et l'intelligence, dont l'une n'est souvent que le produit et la transformation de l'autre, se suive tout le long de l'histoire de la morale, et leur lutte recommence à chaque étape. Ainsi l'intelligence apparaîtra souvent comme destructrice de toute morale, et Socrate sera traité comme un corrupteur. Ainsi notre conduite semblera, suivant les points de vue, tantôt plus morale, tantôt moins morale que notre intelligence. Ainsi, enfin, nous serons perpétuellement partagés entre le désir moral d'obéir à ces impulsions obscures qui nous semblent sacrées, de redevenir enfants, et celui d'agir rationnellement, de conformer notre vie aux lois et aux résultats de notre science : conflit sans cesse renaissant, que ni la spéculation logique, ni la recherche scientifique, ni l'histoire elle-même ne peuvent supprimer.

Il est remarquable en effet que le besoin d'unité logique, au lieu d'apaiser le débat, le réveille le plus souvent. Deux devoirs opposés peuvent vivre côte à côte dans notre esprit sans se troubler. Mais le désir de les ramener à un devoir unique fait ressortir leur incompatibilité. On est choqué du caractère fragmentaire, non systématique, que la coexistence des devoirs multiples donne à l'activité morale, on tente de les réduire, de les organiser, on les traite par la logique. Les contrariétés deviennent alors des contradictions. Le monisme lui-même, enfin, suscite ici son contraire.

À défaut de la pure logique, la science ne peut-elle pas mesurer les quantités de bien contenues dans chacun des devoirs qui s'opposent, et résoudre le problème par un calcul ? En rapportant, par exemple, nos différents devoirs aux cercles sociaux qui en contiennent les origines et les fins, ne pourrait-elle déterminer le plus large, quantitativement supérieur aux autres ? Malheureusement on ne peut se borner à mesurer l'extension des conséquences de nos actions morales, et décider du même coup que l'action la meilleure est celle dont la sphère est la plus développée, que tout devoir, par exemple, envers l'humanité, est mathématiquement préférable à tout devoir envers la famille. Il faudrait mesurer en même temps l'intensité des conséquences de nos actions morales,

Célestin Bouglé

examiner si le bien que nous faisons à des êtres moins nombreux, ressenti plus vivement, ne pèse pas autant que le bien que nous faisons à des êtres plus nombreux, ressenti moins vivement, il faudrait additionner les étendues et les intensités, puis comparer les sommes. Opérations impossibles : la réduction des questions à des problèmes de quantité est utile quand il s'agit de choses réellement et précisément mesurables ; partout ailleurs elle ne fait que doubler les difficultés.

Dira-t-on enfin que l'histoire elle-même doit faire disparaître par son progrès les conflits de devoirs, et réaliser ainsi, petit à petit, le monisme moral ? L'histoire au contraire multiplie le nombre des cercles sociaux, religieux, intellectuels, commerciaux, auxquels les individus appartiennent, et n'élève leur personnalité que sur l'implication croissante de ces cercles. Par suite, leur devoir n'est plus relativement simple, clair, unilatéral, comme au temps où l'individu ne faisait qu'un avec sa société. La différenciation croissante des éléments sociaux, la différenciation correspondante des éléments psychologiques dans la conscience toutes les lois du développement parallèle des sociétés et des individus semblent bien plutôt devoir augmenter que diminuer le nombre et l'importance de ces conflits. L'histoire en effet, en même temps qu'elle rend plus nombreux les objets de la morale, en rend les sujets plus sensibles.

Ainsi, contre le postulat du monisme moral, reste établi le fait des conflits moraux. Qu'il y ait, sous ces forces qui s'opposent, parties des points différents de l'histoire, une unité latente, c'est là une hypothèse métaphysique et comme un article de foi des théories abstraites de la morale. On peut nier ces oppositions pratiquement, par ordre, en vertu d'un impératif, mais on n'a aucun droit à déclarer *a priori,* en théorie, que la variété des forces morales est réductible à un seul principe. Qu'un seul principe doive diriger toute notre conduite, il appartient au réformateur de la morale de l'ordonner ; mais cet impératif ne peut être le point de départ de qui veut construire la science de la morale. Si le postulat moniste est regardé comme le fondement de cette science, c'est que la pratique et la théorie sont encore, en matière morale, mêlées et confondues. La dernière des sciences, la science de la morale, se trouve en cet état d'amorphisme qui l'empêche de sortir de la phase métaphysique, et grâce auquel des notions confuses, mélanges indé-

Chapitre II

terminés d'impératifs et d'abstractions, cachent la réalité éthique. Distinguer radicalement entre la pratique et la théorie, par suite dénoncer la confusion des notions vulgaires, substituer enfin aux déductions qui partent de ces notions l'observation précise des forces historiques, sociales et psychologiques, dont l'accord ou la lutte est toute la vie de la morale, telle est l'œuvre de Simmel, introduction à la science nouvelle.

II

Pour mesurer les ambitions et les pouvoirs de cette science, comparons ses principes aux principes généraux des sciences sociales en Allemagne.

Nous remarquerons d'abord qu'elle refuse nettement d'entrer dans les cadres des sciences naturelles. Pour Simmel, l'idée de science et celle de science naturelle sont liées d'une liaison historique, non d'une liaison logique nécessaire. Plus pénétré que tout autre de l'esprit critique, il prémunit la science de la morale contre les invasions du naturalisme. Il prouve que la nature même ne confirme pas toujours les hypothèses évolutionnistes, que le principe suivant lequel elle agirait toujours par les voies les plus simples n'est qu'un postulat métaphysique, que l'égoïsme n'est pas une loi universelle, que la lutte pour la vie n'est pas la seule solution, la conséquence logique de la concurrence : il n'a pas de peine à montrer dès lors, *a fortiori,* que ces lois soi-disant naturelles sont le plus souvent et comme systématiquement démenties par l'histoire des faits moraux.

D'ailleurs, d'une façon plus générale, toute histoire doit demander ses lois, non à la biologie, mais à la psychologie. Les phénomènes extérieurs n'ont de valeur aux yeux de l'historien que parce qu'ils sont des traits d'union entre les âmes. Les philosophies de l'histoire dites matérialistes essaient en vain de faire abstraction des phénomènes psychologiques. La faim ne mettrait pas le monde économique en branle si elle n'était pas sentie. D'un autre côté, le sol et le climat de la terre seraient aussi indifférents à l'histoire que le sol et le climat de Sirius, s'ils n'agissaient, directement ou indirecte-

Célestin Bouglé

ment, sur la constitution psychologique des peuples [1]. Force nous est donc, pour comprendre l'histoire, de connaître les sentiments, c'est-à-dire de, les faire revivre en nous. L'âme est à fois le sujet et l'objet de l'histoire [2]. Et, de même que le réalisme esthétique cache toujours, forcément, un certain idéalisme, de même l'historisme le plus objectif, le plus empiriste, le plus respectueux des « faits » ne peut se passer des hypothèses psychologiques par lesquelles nous ressuscitons les idées. Ranke formait le vœu de faire disparaître son moi pour connaître les choses, telles qu'elles se sont passées en réalité. Mais, si son vœu avait pu être réalisé, ses connaissances eussent été sans prix. Notre moi, avec ses sentiments et ses idées, est l'intermédiaire nécessaire à l'aide duquel nous nous représentons les idées et les sentiments des autres moi, causes de l'histoire. Cette circonstance rend sans doute extrêmement difficile et rare l'acquisition de vérités historiques objectives ; et, plus que personne, Simmel en a le sentiment. Il n'est pas moins vrai que, sans psychologie, toute histoire serait inintéressante et inintelligible.

A fortiori, toute science de la morale. La science de la morale réclame, à côté de l'observation précise des événements, la supposition méthodique des sentiments qui sont leurs causes. Seule une psychologie trop étroite on trop abstraite peut retarder les progrès de la connaissance. Sur ce point la conception de Simmel n'est pas sans analogie avec celle que les économistes allemands se font aujourd'hui de leur science [3]. L'économie politique prétend, elle aussi, être une « psychologie appliquée. [4] » Cette tendance explique presque tous ses caractères. C'est une erreur de psychologie que la nouvelle école a reprochée aux Anglais. Cédant au monisme signalé par Simmel, l'école anglaise essayait de déduire tous les faits économiques d'un seul principe, l'égoïsme. L'école allemande élargit cette psychologie trop étroite [5], et constate que beaucoup d'autres principes agissent sur les mêmes faits, l'esprit national par exemple, ou les idées morales. En un mot, au principe qui résultait d'une

---

1 Die Probleme der Geschichtsphilosophie, p. 2.
2 Die Probleme... p. 18.
3 Simmel, dans un article récent, indique lui-même cette comparaison. *(Jahrbuch für Gesetzgebung,* herausgegeben von G. Schmoller, 1894, Heft I.)
4 Wagner. Grundlegung der Politischen OEkonomie, p. 15.
5 Cf. Schmoller, Litteraturgeschichte der Staats und Social-wissenschaft, p. 282.

Chapitre II

psychologie abstraite, et qui, ne pouvant suffire à l'explication de la réalité, en réclamait la transformation et se faisait impératif, elle substitue une diversité de principes qui, découverts par l'induction, pourront expliquer la variété des phénomènes économiques. Ce que l'économie nationale a fait pour l'égoïsme, Simmel voudrait que la science nouvelle le fît pour toutes les notions morales. Et de même que celle-là reconnaissait dans la vie économique, sous les abstractions de l'école anglaise, l'action de forces de tout genre, et entre autres de forces morales, de même celle-ci doit retrouver par la psychologie, sous les abstractions des théories morales, les forces réelles de toutes origines, dont la lutte ou l'accord constitue la vie morale.

Que d'ailleurs cette psychologie doive être sociale, et qu'elle doive étudier d'abord, pour s'expliquer les sentiments moraux, l'action du groupe sur l'individu, Simmel s'en rend compte. On reconnaît en lui l'élève de Lazarus et de Steinthal. Il nous fait comprendre, par une comparaison ingénieuse, quel est actuellement, aux yeux de la science de la morale, le prix des rapports qui unissent l'individu à la communauté. Il compare celle-ci à Dieu [1], et montre que le développement des sciences de la société nous fait apercevoir dans toute idée religieuse le symbole d'une réalité sociale. Il déduit toutes les représentations qui vont se rencontrer dans l'idée de Dieu, comme dans un foyer imaginaire, des rapports réels que la société soutient avec l'individu. Elle est la puissance universelle dont il dépend, à la fois différent d'elle et identique à elle. Par les générations passées et les générations présentes, elle est à la fois en lui et hors de lui. La multiplicité de ses volontés inexpliquées contient le principe de toutes les luttes des êtres, et cependant elle est une unité. Elle donne à l'individu ses forces en même temps que ses devoirs : elle le détermine et elle le veut responsable. Tous les sentiments en un mot, toutes les idées, toutes les obligations que la théologie explique par le rapport de l'individu à Dieu, la sociologie les explique par le rapport de l'individu à la société. Celle-ci tient, dans la science de la morale, le rôle de la divinité.

Qu'on ne croie pas cependant qu'il y ait rien de mystique dans l'idée que M. Simmel se fait de la puissance de la société. Les modes d'action en sont extrêmement complexes et ne se laissent

---

1 *Einleitung*, I, p. 445.

Célestin Bouglé

aujourd'hui saisir que par une espèce d'intuition, ses voies sont inconnues ; mais la science de la morale aura justement pour effet de les éclairer et de dissiper par suite toute métaphysique. Plus encore que Lazarus, Simmel prétend se garder de la métaphysique, soit idéaliste, soit naturaliste. Il ne s'inspire plus de Herbart, mais directement de Kant. Ses habitudes d'esprit nous offrent un remarquable témoignage de l'influence que Kant exerce sur la plupart des philosophes allemands contemporains. Kant est plus vivant actuellement, en Allemagne, que ses successeurs. Il est en quelque sorte ressuscité après le déclin de l'école dialectique, moins pour arrêter l'impulsion qu'elle avait donnée que pour la diriger, la ramener sur la terre et distinguer, par la délimitation des objets et la définition des méthodes, ce qui appartient à la métaphysique, à la physique, à la psychologie. C'est à lui qu'on revient pour échapper aux erreurs de l'hégélianisme. Mais en même temps, on ne s'attache pas servilement à sa doctrine, on la transforme sous la pression de différentes influences, parmi lesquelles on pourrait retrouver celle de l'école dialectique, de l'école historique, de l'école naturaliste. Simmel nous offre un exemple de ces transformations ; il élabore à sa façon les distinctions kantiennes.

Il paraît surtout préoccupé de rendre la critique plus psychologique d'une part, plus historique de l'autre. C'est ainsi que la distinction kantienne entre l'a *priori* et l'a *posteriori* lui paraît trop absolue. Il découvre entre ces deux termes, principalement dans la connaissance historique, une série d'a *priori* relatifs, résultats de la puissance plastique de l'esprit, habitudes psychologiques qui deviennent anticipations, formes et principes [1]. Il ne séparera donc plus radicalement la forme et la matière, montrant que ce qui était matière hier est forme aujourd'hui, que ce qui est matière à un point de vue est forme à un autre [2]. De même entre l'objectif et le subjectif il découvre toute une suite de degrés : Kant s'arrêtait à ces catégories tranchées parce qu'il n'avait pas ce sentiment du devenir et du développement qui nous apprend que tout se relie et se mêle. Entre la science certaine, la science probable, la conjecture et la croyance, il y a des transitions insensibles. Les connaissances ne sont pas absolument ou subjectives ou objectives : nous

---

1 Die Probleme des Geschichtsphilosophie, premier chapitre.
2 Sociale Differenzierung, p. 18.

en découvrons de plus ou moins objectives, c'est-à-dire valables pour un plus ou moins grand nombre de sujets. Ainsi l'objectivité du mécanisme ne s'opposera plus d'une façon absolue à la subjectivité de la finalité. Kant en fixant cette distinction faisait la part trop belle aux sciences de la nature et méconnaissait les droits de celles de l'esprit. Pour celles-ci la téléologie peut être objective [1] ; les fins n'y sont pas nécessairement de pures idées du sujet connaissant, puisqu'elles peuvent exister réellement dans l'esprit des sujets connus. Sans avoir besoin pour cela de poser au-dessus des phénomènes une fin unique et transcendante, elles peuvent constater que des fins semblables s'imposent à un grand nombre de sujets, et expliquent ainsi un grand nombre de faits historiques. En un mot, en s'adaptant sous les mains de Simmel à l'esprit historique, l'esprit critique tendra à substituer aux distinctions et aux oppositions la continuité et le développement.

Il y a cependant une opposition que Simmel marque plus fortement peut-être qu'aucun de ses contemporains ; l'opposition entre la théorie et la pratique, entre la science et l'action. Pour lui, c'est leur confusion qui retarde la marche de la connaissance, et le progrès consiste à les différencier : la pire ennemie de la science de la morale est la morale. En ce sens, Simmel s'oppose aux économistes dont nous le rapprochions tout à l'heure. La tendance normative était en effet et reste au cœur de la plupart des économistes allemands : ils veulent tirer des règles de l'histoire, et Karl Menger a pu leur reprocher de n'être que de faux moralistes. Wagner, par exemple, placera toujours les problèmes pratiques parmi ceux de la science économique [2]. Simmel au contraire prétend s'abstenir de formuler quelque règle que ce soit, et, en traitant théoriquement ce qui est pratique par essence, la morale elle-même, dissiper les confusions qui se sont établies, dans les sciences sociales, entre la pratique et la théorie. Aucune éthique, même parmi les plus scientifiques, n'avait encore si nettement séparé ces deux termes. Steinthal au début de son *Éthique universelle,* déclare [3], dans une phrase que Simmel relèvera pour la contredire [4], que celui qui fait la science de la morale ne peut, comme l'anatomiste, rester indif-

1 *Einleitung,* II, p. 345-350.
2 Cf. plus bas, p. 87.
3 Allgem. Ethik, p. 5.
4 *Einleitung,* II, p. v.

Célestin Bouglé

férent et désintéressé devant l'objet qu'il étudie, et il regardera le caractère impératif comme le caractère essentiel et distinctif de la science nouvelle. La même union de la pratique et de la théorie se retrouvera dans *l'Éthique* de Wundt. Celle-ci en effet ne se contentait pas de constater les faits moraux, elle aboutissait à une conclusion morale, qu'elle préparait par un mélange d'empirisme et de spéculation. Après avoir parcouru les différents cercles des mœurs, des religions, des éthiques, elle cherchait à poser à son tour *un* idéal, elle supposait en un mot *un* cercle embrassant tous les autres, *une* humanité, *un* devoir [1]. Par là elle se rapprochait du monisme critiqué par Simmel : elle imposait à la morale une unité que les faits ne justifiaient pas ; elle ne séparait pas assez nettement pratique et théorie, norme et explication. La distinction entre les sciences normatives et les sciences explicatives ne faisait que prêter à cette confusion. Simmel juge en effet que l'expression *science normative* est une expression mal faite. Les sciences dites normatives supposent des règles et des fins données en fait, elles ne peuvent les démontrer ou les produire. On devrait donc les appeler sciences de normes, non sciences normatives [2], car en tant que sciences elles n'imposent pas un, seul but à notre activité. Elles peuvent ou constater nos buts, ou, ces buis étant constatés, découvrir les moyens propres à les atteindre, mais non pas des fins nouvelles. De l'Ethique en tant que science, dit M. Simmel, il ne sort pas un devoir nouveau. Le moraliste, le réformateur des mœurs peut seul dire : « ceci doit être », et fixer une valeur morale, car toute valeur est affaire de sentiment ou de volonté qui échappe à la science, et que la science ne peut ni démontrer, ni créer.

En un mot, pour construire la science du bien et du mal, il faudrait résolument se placer au delà du bien et du mal. Si l'on voulait préciser les influences contemporaines auxquelles Simmel obéit en posant cet idéal scientifique, peut-être faudrait-il consulter les œuvres de Nietzche. On y trouverait cette critique des métaphysiques — traductions ambitieuses de concepts usuels, constructions destinées à justifier une fin pratique, mélanges de connaissances et d'appréciations — à laquelle Simmel nous a habitués. On y trouverait aussi la définition de cette sorte d'« amoralisme » que

---

1 Cf. les articles de M. Durkheim *(Revue philosophique,* 1887, p. 141).
2 Einleitung in die Moralwissenschaft, I, 221.

Chapitre II

le savant doit revêtir pour être en état de traiter la morale comme science.

Que cet état soit difficile à atteindre, c'est ce que nous pouvons pressentir. Après avoir défini l'idéal scientifique de Simmel, signalons les difficultés qui pourraient s'opposer à sa réalisation.

On comprendra peut-être difficilement que la science de la morale prétende s'achever dans l'impartialité et l'indifférence, connaître nos sentiments moraux sans les transformer, les traiter, suivant la comparaison de Simmel, non à la manière du médecin, mais à la manière de l'anatomiste. Peut-être cette comparaison entre la future science et les sciences biologiques ne revient-elle ici que pour faire oublier, une fois de plus, les conditions et le caractère propres des sciences de l'esprit. On pourra dire d'abord qu'en un sens toute connaissance est action et change le rapport du sujet à l'objet. Quand cet objet est physique, il n'est pas transformé lui-même par l'acte de la connaissance ; l'anatomiste, après qu'il les a connus et expliqués, peut retrouver les tissus invariables sous les regards de ses sens. La conscience, au contraire, est toujours à la fois réflexion et action ; si le sujet même est l'objet de la connaissance, elle agit sur lui rien qu'en l'observant. Elle ne peut plus être pure observatrice des mouvements psychologiques, comme les sens le sont des mouvements physiques, puisqu'elle est elle-même une des composantes de ces mouvements. Qu'on réduise sa force autant que l'on voudra ; qu'on déclare que sa part, dans l'histoire de la morale, est infiniment petite auprès de celle des forces inconscientes, il n'en est pas moins vrai que certains faits moraux naissent de sa seule présence, qu'il lui est par conséquent difficile et qu'il serait plus difficile encore à une science de la morale, qui serait comme une conscience générale de tous les sentiments moraux, de rester indifférente aux problèmes qu'elle fait naître.

Sans doute on a abusé de ces sortes d'arguments. On a exploité l'« influence dissolvante de l'analyse » ; delà s'est élevée, contre l'intellectualisme d'une part, contre l'observation scientifique de l'autre, une réaction dont nous ne voudrions pas nous faire les complices. Simmel dénonce avec raison l'erreur qui consiste à penser que toute valeur morale scientifiquement connue est une valeur perdue. Trop souvent on a laissé croire que l'histoire, en nous découvrant les origines de nos sentiments moraux, nous invite à

Célestin Bouglé

retourner aux origines, nous dévoile, dans les obligations morales, des sortes de ruses, des conspirations de la société, nous apprend à ne plus en être dupes et à revenir à la nature. À ces sentiments soi-disant naturels, l'histoire n'attribue aucune valeur absolue ; qu'ils aient précédé les autres, cela ne prouve pas du tout qu'ils soient meilleurs. Toutes les valeurs morales, actuelles ou passées, sont, aux yeux de l'histoire, également relatives, c'est-à-dire que chacune d'elles est, en un sens, un absolu. Son prix ne se déduit pas ; c'est un fait. La subjectivité même des sentiments moraux est telle que leur autorité ne dépend pas de leurs origines historiques, et qu'on peut les dévoiler sans l'ébranler [1].

Il n'en reste pas moins que nos sentiments, en prenant conscience de ces relations historiques ou logiques, s'éclairent, s'examinent, se comparent et se jugent. Simmel nous a démontré à plaisir que les idées morales sont obscures, et même, en un sens, qu'elles sont souvent morales parce qu'elles sont obscures. C'est la disparition de la conscience de la fin d'un acte qui transforme un impératif hypothétique en impératif catégorique, qui, d'une contrainte ou d'une habileté, fait un devoir. Si la science dissipe ce mystère et fait reparaître la conscience de cette fin, l'acte est-il un devoir encore ? En fait, Simmel constate lui-même plus d'une fois cette influence de la science de la morale sur la morale. De l'idée que les valeurs sont toutes subjectives, il attend des transformations pratiques ; il ne doute pas que l'idéalisme, en se répandant, en apprenant aux hommes que non seulement la connaissance, mais aussi la possession des choses est une pure représentation [2], que la propriété, par exemple, n'est qu'une façon de penser, ne rende plus facile la solution des questions sociales. Il reconnaît ainsi que la science agit sur les sentiments, qu'elle élimine les uns, qu'elle confirme les autres, qu'elle fait un choix.

C'est le principe de ce choix qu'on aurait peut-être voulu voir déterminer. Jusqu'ici la critique des faits moraux s'était rarement exercée sans tirer des faits même le principe moral : on constatait par exemple que tous les devoirs tendent à être logiques, que par conséquent la logique est le devoir suprême qui sert à juger tous

1 *Einleitung*, II, p. 6-8.
2 *Einleitung*, I, p. 251.

Chapitre II

les autres [1], Ou bien on démontrait que nos devoirs sont l'œuvre de l'histoire, et on demandait alors à l'histoire, consultée scientifiquement, de nous enseigner le devoir présent. La logique et l'histoire, chacune de leur côté, prétendaient ainsi fonder la morale au lieu de la détruire. Mais nous avons vu que Simmel refuse à l'une comme à l'autre le pouvoir de déterminer une valeur morale. La logique est indifférente à la qualité des sentiments et des actes qu'elle enchaîne. L'histoire essaie en vain de mesurer les qualités et les intensités morales. — Si ni l'observation ni la logique ne peuvent résoudre les problèmes qu'elles posent, que nous reste-t-il donc ? Le sentiment ? Lui seul, peut-être, est capable de fixer les valeurs éthiques. Il est à la fin comme il est au commencement de l'évolution morale ; il en est l'introduction et le résumé ; et peut-être l'humanité doit-elle se fier à lui, sûre qu'il représente et contient en lui tout le travail moral de l'histoire [2]. La réflexion et l'observation peuvent élargir le champ de notre conscience, découvrir mille relations nouvelles, et en mettant en présence les éléments différents, poser des problèmes nouveaux ; mais, peut-être la solution n'appartient-elle qu'au sentiment qui sait, par une sorte de chimie intérieure, de ces relations innombrables tirer un absolu, une valeur morale. On aboutirait ainsi, non à une morale de la vérité, puisque la vérité morale ne saurait être ni logiquement démontrée, ni scientifiquement constatée, mais à une morale de la sincérité : le devoir serait d'être consciencieux. Il faudrait s'en remettre, à la fin de la science de la morale, à l'antique conscience morale.

Si telle paraît être, à de certains moments, la conclusion pratique des analyses de Simmel, il y aurait sans doute avantage à ce qu'elle fût éclaircie et discutée, et non seulement sous-entendue. Au lieu de nous laisser croire, en comparant la science de la morale aux sciences physiques que les sentiments moraux restent, comme les objets extérieurs, invariables sous les yeux du savant, l'auteur aurait peut-être été ainsi conduit à reconnaître que sa science, en vertu même de son caractère psychologique, se passera difficilement de tout caractère moral.

Il ne paraîtra pas moins difficile, sans doute, d'imaginer une science de la morale sans abstractions que de l'imaginer sans im-

---

1 Cf. Staudinger, *Das Sittengeselz*
2 Einleitung, I, 230.

Célestin Bouglé

pératifs.

Sans doute Simmel a raison de dénoncer les équivoques qui se cachent sous les abstractions morales et de rappeler l'éthique au sentiment de la réalité historique. Mais cela suffit-il ? N'est-il pas vrai de dire que, la réalité lui étant donnée comme matière, toute science se constitue par une abstraction systématique ? Connaître n'est pas reproduire, mais transformer. Qu'on imagine un esprit doué de sens assez puissants pour percevoir, d'une mémoire assez vaste pour retenir tous les phénomènes de l'histoire, la matière de l'histoire serait, en quelque sorte doublée, la science n'en serait pas encore construite. Il faut, pour qu'elle soit construite, analyser la masse des phénomènes historiques, réduire leur multiplicité à l'unité, en les rassemblant par groupes sous quelques concepts que seule une abstraction peut nous fournir. Et sans doute il ne s'agit pas de demander ces concepts à une spéculation pure ou soi-disant pure, qui ne ferait qu'obéir à des impulsions hétérogènes. Simmel la dénonce avec raison. Mais n'y a-t-il pas lieu de distinguer, avec Wundt, deux sortes d'abstractions, les unes généralisantes, les autres isolantes ? Pourquoi celles-ci ne seraient-elles pas utiles, sinon indispensables à la science ? Elles ne seraient pas le fruit d'une spéculation hâtive, mais d'une observation méthodique qui, pour mieux nous expliquer les phénomènes complexes de l'histoire, nous ferait étudier, l'un après l'autre, leurs différents éléments. Chaque science sociale en étudierait un à part, sans oublier que cet isolement n'est qu'une nécessité de méthode, et que, dans la réalité, les différentes forces sociales entrent perpétuellement en composition. Par suite, le devoir d'une introduction à la science de la morale qui voudrait être non pas seulement négative, mais positive, serait double ; elle devrait écarter les abstractions anciennes, obtenues sans méthode, et en même temps proposer des abstractions nouvelles, méthodiques, nécessaires à la science. Sinon, on verrait celle-ci se dissoudre, pour ainsi dire, dans l'histoire générale. Elle serait tout empirique et n'aurait plus rien d'exact. Les difficultés avec lesquelles nous verrons l'historisme économique aux prises ne seraient pas épargnées à la science de la morale. On se demandera comment elle peut rester une science et se passer d'abstractions par lesquelles seraient distingués, d'abord les faits moraux

Chapitre II

des autres faits sociaux, puis les faits moraux les uns des autres et, par exemple, l'égoïsme de l'altruisme.

Si vraiment il est impossible d'user de concepts moraux clairs et définis, peut-être alors faut-il renoncer à la science proprement dite de la morale, ou du moins il ne faut pas lui demander ces lois exactes et cette certitude rigoureuse que nous sommes habitués à attendre des sciences. C'est peut-être un des résultats de l'*Introduction* de Simmel que de nous préparer à nous contenter, en fait de sciences morales, de vraisemblances. Il ressort en effet de son étude que le savant ne peut nous faire connaître les faits moraux qu'en éveillant en nous des sentiments, qu'il ne peut les analyser que dans sa propre conscience, et qu'à un même événement il peut presque toujours adapter plusieurs explications. L'expérimentation, les méthodes exactes des sciences physiques, ne s'appliquant pas aux choses psychologiques, on ne peut choisir à coup sûr entre les hypothèses suggérées par l'observation. Par cela même qu'elle demande sa matière à l'histoire et sa forme à la psychologie, la science de la morale est sans doute condamnée à ne trouver que des probabilités.

Cette conclusion ne serait peut-être pas pour déplaire à Simmel. Son ingéniosité critique l'a depuis longtemps convaincu du caractère hypothétique des concepts qui appartiennent au domaine de la psychologie. S'il désire sortir de l'empirisme historique, il craint surtout de retomber dans le dogmatisme métaphysique, que celui-ci soit d'ailleurs idéaliste ou naturaliste. Psychologique, historique et critique, son Introduction à la science de la morale nous présente peu de solutions et beaucoup de problèmes.

Célestin Bouglé

Chaitre III

A. Wagner
L'ÉCONOMIE POLITIQUE

Depuis plus longtemps que l'éthique, l'économie politique a essayé de s'organiser, de prendre la forme d'une science ; depuis plus longtemps, elle a réagi, en Allemagne, contre la spéculation. Elle n'est donc pas au même « moment » de son histoire que la science de la morale. Il parait aujourd'hui urgent à quelques-uns de pousser la *nationalœkonomie* moins vers les réalités concrètes que vers les abstractions scientifiques. A. Wagner a, plus que tout autre, le sentiment de cette nécessité. Il fera œuvre plus positive que Simmel ; il nous apparaîtra comme un esprit moins critique, mais plus systématique [1].

I

Les *Fondements de l'économie politique* [2] de Wagner sont faits, plus que tout autre ouvrage, pour nous révéler les symptômes de l'état des sciences sociales. Car d'une part ils servent d'introduction à un système de la science économique contemporaine, dont

---

1 *Lehr-und Handbuch der politischen OEkonomie*, I. *Grundlegung der politischen OEkonomie*, 3e édition, 1er vol. 1892, 2e vol. 1893, 3e vol. 1894. Les autres ouvrages de Wagner sont plus spéciaux et touchent moins directement aux questions de méthode.
Pour l'étude générale de ces questions, on consultera avec profit, outre les ouvrages classiques de Knies et de Roscher et le Dictionnaire de Conrad, certains ouvrages de Schmoller : *Grundfragen des Rechts und der Volkswisthschaft*, et sa *Litteraturgeschichte*, déjà citée), de Menger *(Untersuchungen über die Méthode der Socialwissenschaften)*, de Brentano *(Die Klassische nationalœkonomie)*, de Dargun *(Egoïsmus und Altruismus in Nationalœkonomie)*, de Wenzel *(Beiträge zur Logik der Socialwirthschaftlehre)* ; enfin des articles importants de Neumann *(Tüb. Zeitschrift für Staatswissenschaften*, 1892) et de Dietzel *[Jahrbücher für Nationalœkonomie*, 1884). D'ailleurs, pour chaque question, ou trouvera dans l'ouvrage de Wagner même une bibliographie assez complète.
2 *Lehr- und Handbuch der politischen OEkonomie* : I, *Grundlegung der Politischen Oekonomie*, 3e édition, 1er vol., 1892, 2e vol., 1893, 3e vol., 1894.

les parties seront traitées par des auteurs différents [1], usant à peu
près des mêmes méthodes et obéissant aux mêmes conceptions ;
nous aurons donc le droit d'y chercher les tendances, non pas seulement d'une personne, mais d'une école. Ils ont été, d'autre part,
dans leur troisième édition, entièrement transformés, ainsi que
l'auteur le déclare lui-même, sous la pression des faits et des idées
qui, depuis 1879, date de la seconde édition, ont modifié l'histoire,
soit politique, soit scientifique. Les luttes de plus en plus vives du
socialisme contre l'individualisme, par lesquelles leur antithèse
s'exagère en quelque sorte tous les jours ; les discussions, d'un autre
côté, de la jeune école historique avec la nouvelle école abstraite,
par lesquelles l'induction et la déduction semblent séparées plus
profondément que jamais, ont réclamé, dit Wagner, un nouvel examen des principes. Pour répondre à ces problèmes contemporains,
théoriques et pratiques, il a remanié tout, le plan de son livre, et
ajouté, à l'étude des concepts et à la définition des problèmes fon-
damentaux de l'économie politique, une longue introduction philosophique, où s'établissent la logique et la psychologie nécessaires
à la construction du système.

C'est cette introduction que nous nous proposons d'examiner [2].
Au contraire de l'Introduction à la Science de la morale que nous
avons analysée, l'œuvre de Wagner est systématique. Les classifications, divisions et subdivisions scolastiques y abondent. Aussi
les adversaires de Wagner l'accusent-ils d'avoir une « tête dogma-
tique » et du « sang de métaphysicien » [3]. Il répond que la négli-
gence des définitions et des divisions n'a pas été sans influer, souvent, sur l'imprécision et l'indécision soit des concepts, soit des
réformes, et que, seul, un « système » peut opposer, aux solutions
partielles et extrêmes des problèmes modernes, un ensemble de
solutions moyennes, à la fois logiques et pratiques.

De ce système la psychologie contient les prémisses. Il ne peut se
constituer qu'en prenant conscience des différences qui séparent
les sciences de l'esprit des sciences de la nature. Le prestige du
mécanisme et du naturalisme a pu imposer autrefois à Wagner
lui-même [4], il reconnaît aujourd'hui l'opportunité de la réaction

1 Büchenberger, Bücher, Dietzel.
2 *Grundlegang der politischen Oekonomie*, I, p. 1-286.
3 *Grundlegung*, 1ᵉʳ vol., p. 54.
4 *Grundlegung*, 2ᵉ vol., p. 809.

Célestin Bouglé

psychologique qui se fait sentir dans la plupart des sciences sociales. En cela, Wagner est d'accord avec son principal adversaire, Schmoller [5]. Le caractère dominateur de l'économie politique n'est pas d'être « nationaliste » ou « étatiste » ; elle doit être tout d'abord une « psychologie appliquée » [6].

Les erreurs, pratiques ou théoriques, que le système devra combattre, se laisseront toutes ramener à des erreurs de psychologie. Le principal objet de l'Introduction sera donc de fixer la psychologie économique, de déterminer à quels motifs ou à quelle combinaison de motifs obéit la nature économique de l'homme.

Que faut-il entendre, d'abord, par, nature économique ? L'homme est un animal « besogneux », comme tous les autres. Mais ses besoins ont sur ceux des animaux le privilège ou du moins le monopole de la multiplication et de la complication indéfinies. Extérieurs ou intérieurs, c'est-à-dire cherchant leur satisfaction dans les choses physiques ou dans les choses psychologiques, ils s'amplifient par toutes les transformations de la nature physique ou psychologique, par les changements de la technique aussi bien que par ceux de la morale. Mais cet accroissement n'est pas soumis à une loi naturelle ; il est possible, non nécessaire. La première erreur de psychologie économique consiste à assimiler ces besoins à des forces naturelles ; ce sont des forces psychologiques, soumises comme telles à l'influence des volontés aussi bien qu'à celle des circonstances, variées en un mot et variables à l'infini.

Si nous cherchons à définir les formes essentielles de cette variété de phénomènes, nous pouvons les distinguer en besoins d'existence, que nous appellerons du premier ou du second degré, selon qu'ils sont absolument ou relativement nécessaires à l'homme, et en besoins de culture, soit matérielle, soit immatérielle. On peut

---

5 Un des résultats de la nouvelle édition du livre de Wagner est de définir nettement les différences qui le séparent de Schmoller. Les deux professeurs de l'université de Berlin, dont chacun, dans son cours, dit en parlant de l'autre « mein Hauptgegner » : « Mon contradicteur principal », ont sans doute bien des idées communes. M. Durkheim pouvait encore, dans les articles de la *Revue philosophique* de 1887, réunir leurs théories en une seule analyse. Mais leur opposition devient plus nette de jour en jour. Wagner dit dans sa préface qu'il éprouvait depuis longtemps le besoin de prendre position contre l'école de Schmoller, qu'il appelle, par opposition à celle de Roscher et de Knies, la jeune école historique.
6 *Grundlegung*, I, p. 15.

Chaitre III

les distinguer encore en besoins individuels, résultant de la nature psycho-physique particulière des hommes, et besoins sociaux, résultant de leur nature sociale.

À ces besoins correspondent les désirs de les satisfaire *(Befriedigungstriebe)*. Le désir correspondant aux besoins d'existence du premier degré n'est autre que l'instinct de conservation, les autres rentrent dans la catégorie de l'intérêt personnel. Donnés à l'homme, pour ainsi dire, avec l'existence même, et en ce sens légitimes, ces désirs sont des faits naturels [1]. Mais il faut se garder de dire : des forces naturelles. Ils n'agissent sur l'âme, en tant que psychologiques, qu'en donnant, pour ainsi dire, leurs motifs. Le plus souvent c'est par l'intermédiaire de tout un système de motifs où les éléments les plus étrangers à l'intérêt personnel peuvent entrer qu'ils déterminent nos actions.

Du besoin et du désir de le satisfaire naît l'effort, le travail. Au point de vue de la nature économique, le travail n'est qu'un moyen, une nécessité, à laquelle l'homme sacrifie le moins possible. Il mesurera son effort à la satisfaction qu'il en attend. Il cherchera le maximum de plaisir par le minimum de peine *(Lust moment. Last moment)* [2]. Nous disons alors que son action est réglée par le principe économique. Ces besoins, ces désirs, ces efforts se déterminant réciproquement, se mesurant les uns les autres par ce principe, constituent ce que nous appellerons la *nature économique*.

Mais jusqu'à quel point cette nature, que nous construisons par l'abstraction, recouvre-t-elle la réalité ? L'erreur de l'économie politique orthodoxe était de croire d'une part que cette nature était le tout de l'homme, d'autre part qu'elle était la même absolument pour tous les hommes. C'était méconnaître les formes différentes qu'elle peut prendre chez les individus considérés soit comme êtres individuels, soit comme êtres sociaux, membres d'une race, d'un peuple, d'un État, d'une classe. La nature économique n'est qu'une des composantes de la nature humaine, unie aux autres forces, religieuses, ou morales, ou nationales, par des rapports que l'histoire même varie. Et, malgré la différence de ses composantes, l'activité de l'homme restant une, il en résulte qu'on ne peut déduire exactement de la nature économique les actes qui lui appartiennent,

---

1 *Grundlegung*, I, 77.
2 *Grundlegung*, I, 80.

Célestin Bouglé

car l'acte auquel elle donne l'impulsion peut changer de direction sous la poussée du système des autres forces. De la seule nature économique, on ne pouvait donc déduire l'histoire économique, a fortiori, l'histoire générale de la civilisation.

Quel que soit le prix de ces objections, il ne faut pas cependant, d'un autre côté, que la diversité de l'histoire nous fasse négliger l'universalité de la nature économique. À cet égard l'erreur de la jeune école historique ne serait pas moindre que celle de l'ancienne école abstraite. Traitant l'idée de l'égoïsme de dogme superficiel [1], elle oublie qu'à travers toutes les évolutions et les révolutions l'homme reste homme. Les traits de sa nature économique sont fondés en sa nature corporelle et spirituelle, et l'observation, tant interne qu'externe, nous apprend que, du moins dans les périodes historiques qui nous sont accessibles, ces traits n'ont pas beaucoup plus changé que ceux de la nature extérieure [2]. Entre ces deux opinions extrêmes il nous faut donc trouver un milieu à la fois abstrait et réel ; la psychologie devra le fixer en déterminant les rapports réciproques des causes qui déterminent la nature économique : puisque celle-ci agit, non par une impulsion mécanique, mais par des motifs, le premier objet des *Fondements* sera la classification de ces motifs.

Wagner en distingue cinq groupes, cinq *Leit motive*, dont quatre égoïstes [3]. Ce sont : la recherche de l'avantage économique personnel et la crainte de la « gène » ; la recherche des récompenses et la crainte des punitions ; la recherche de l'honneur et la crainte du déshonneur ; la recherche de l'activité et la crainte de la passivité. Le cinquième motif enfin est la recherche de la satisfaction de conscience et la crainte du blâme intérieur.

Ces motifs se mêlent perpétuellement dans l'histoire : les proportions de ce mélange varient entre certaines limites qu'il importe de fixer, si l'on veut, en se fondant sur ces motifs, expliquer le passé, ou préparer l'avenir. D'une façon générale, le premier motif reste toujours dominant. Mais il est certain que, partout où l'individu ne fait qu'un, pour ainsi dire, avec son groupe, l'individu ne cherche son avantage qu'en cherchant celui des autres, de sa famille, ou de

---

1 Schmoller, *Grundfragen des Rechts und der Volhwirthschaft*, p. 30.
2 *Grundlegung*, I, 82.
3 *Grundlegung*, I, p. 83-137.

sa tribu, ou de sa confrérie. L'égoïsme se fond ici dans l'altruisme : on a d'ailleurs tort, dit Wagner, de vouloir les opposer radicalement ; entre les deux souvent se trahit bien plutôt une sorte de continuité. À d'autres moments au contraire, à mesure que les liens des groupes se relâchent, que leurs barrières s'abaissent devant le commerce, qui crée un monde de transactions cosmopolites, alors, avec ce qu'on appelle quelquefois l'« américanisme » ou le « judaïsme », l'égoïsme n'apparaît que trop clairement comme le motif dirigeant de l'activité économique ; le développement de la liberté, d'une façon générale, le place en évidence. — C'est le régime de l'autorité, au contraire, qui met surtout en valeur le second motif. Que cette autorité soit un Dieu, un État, une ville ou un patron de fabrique, elle gouverne la nature économique par l'espoir des récompenses ou la crainte des punitions matérielles qu'elle peut distribuer. Présent dans l'organisation économique de la plupart des groupes étroits et fermés, ce motif est encore celui sur lequel repose presque tout le système de nos impôts : et, peut-être, si l'on devait en croire Richter, par exemple, et reconnaître que l'égalité ne peut augmenter que par la diminution de la liberté, serait-il appelé, dans l'avenir socialiste, à jouer un rôle plus important encore. — Le troisième motif, dans beaucoup de cas, s'ajoute au second, dans d'autres s'y substitue. Prenant les formes les plus diverses, apparaissant chez le parvenu et chez le prolétaire, chez le grand brasseur d'affaires et chez le petit employé, il peut, suivant les cas, tantôt développer, tantôt restreindre le désir de posséder, susciter tantôt le luxe insolent, tantôt la bienfaisance, tantôt l'honnêteté. Puissant dans une corporation, ce motif l'est aussi dans une société individualiste, où il apparaîtra, par exemple sous la forme du désir des titres et des décorations ; l'utopie de Bellamy nous faisait croire qu'une société socialiste devrait le développer plus encore : postulat peut-être difficile à accorder avec celui de l'égalité, car il semble que l'inégalité soit toute la vie du motif en question. — Le motif de l'amour de l'activité n'est pas aussi rare qu'il le semble peut-être au premier abord. Manifeste dans l'ordre de la production dite désintéressée, scientifique ou artistique, il est sensible encore dans l'ordre de la production matérielle, partout où un semblant d'art ou de jeu peut intéresser la personnalité. Malheureusement le développement de la technique et la division du travail, réduisant

Célestin Bouglé

l'homme à une activité mécanique, lui enlèvent toute la joie de l'effort : il ne trouve plus, suivant l'expression populaire, de goût au travail. Plus facile, le travail est moins intéressant. L'idéal utopique de Fourier semble s'éloigner de plus en plus ; et ce ne sera pas, peut-être, le moindre problème des sociétés de l'avenir que de rendre à ce motif sa force et sa valeur économiques. — Le plus rare des motifs est naturellement le motif moral proprement dit. D'abord il est quelquefois extrêmement difficile de le discerner au milieu des autres, et quand il se montre, par exemple, sous la forme religieuse, de distinguer ce qui est purement moral de ce qui n'est qu'un égoïsme patient, comptant avec l'éternité. En fait, on a essayé souvent d'expliquer son existence par les transformations et les combinaisons des quatre motifs précédents. Cependant, quelle que soit son origine, certains actes relèvent de lui et l'on peut, par l'éducation, par la religion, et même indirectement, par les lois qui supprimeraient les tentations, augmenter le nombre de ces actes. Mais il est impossible, pourtant, malgré tous les avantages économiques que présenterait le développement d'un tel motif, de résoudre par la seule morale les questions sociales, et de fonder, comme le voudrait par exemple un Tolstoï, une société sur « le principe caritatif ». Le motif moral ne peut être la règle générale de l'activité économique.

L'importance relative de ces cinq motifs est donc bien différente. On peut dire que, en allant du motif égoïste au motif moral, leurs valeurs économiques forment comme une série de grandeurs décroissantes. Il n'en est pas moins vrai qu'aucune d'entre elles ne se laisse traiter comme une quantité absolument négligeable. Il importe donc d'avoir toujours sous les yeux cette table des motifs : c'est en faisant varier leurs coefficients, pour ainsi dire, en fonction des variations de l'histoire elle-même, que le système de l'économie politique pourra résoudre, par des solutions moyennes, les questions pratiques et théoriques que le présent nous pose.

Il nous est en effet, dès maintenant, facile d'apercevoir les erreurs psychologiques qui conduisent aux solutions extrêmes des problèmes pratiques, adoptées par l'individualisme et par le socialisme ; erreurs tantôt communes aux deux systèmes, tantôt, au contraire, toutes différentes.

L'erreur cent fois reprochée, et avec raison, à l'individualisme, est

Chaitre III

de ne retenir des cinq motifs de l'activité économique, que le premier. Il feint ainsi une sorte de monde mécanique dont les atomes obéiraient à une seule force naturelle, l'égoïsme. Il oublie que les individus tiennent des sociétés qui les unissent des obligations de tout ordre, juridiques et morales ; il met en un mot la nature humaine sur un lit de Procuste en la réduisant au matérialisme.

Mais il faut noter que le socialisme, en tant du moins qu'il s'applique à l'histoire du passé, prend sa bonne part de ces erreurs. Lui aussi ne voit dans l'histoire que le produit de la nature économique de l'homme. À l'idéalisme il a substitué la philosophie de l'histoire dite matérialiste : il prétend expliquer non pas les évolutions économiques par les idées, mais les idées mêmes par les évolutions économiques. Le centre de l'histoire n'est plus pour lui la tête, mais l'estomac. « Dis-moi ce que tu manges, et je te dirai qui tu es. » *(Was er isst, ist der Mann.)* Ces dogmes de l'orthodoxie matérialiste, qui témoignent que le besoin de croyance est loin d'être éteint, prouvent que si l'individualisme et le socialisme diffèrent sur le choix des moyens, ils ont même fin et même origine psychologique [1].

Il est vrai que le socialisme, dès qu'il se tourne non plus vers le passé, mais vers l'avenir, aperçoit une humanité toute différente. Les conditions économiques, dont tout le reste découle, étant changées, les hommes ne sont plus égoïstes. La constitution de la société actuelle semblait faite pour hypertrophier le premier des motifs de l'activité économique ; en modifiant cette constitution par une organisation rationnelle de la production et de la distribution des biens, la société future enlève à ce motif, pour ainsi dire, sa raison d'être. Ainsi le socialisme passe, suivant des expressions que Wagner aime à employer, du supermatérialisme à l'hyperidéologie. Il transformait, tout à l'heure, les hommes en bêtes, il les transforme maintenant en anges. *Eritis sicut Deus !*

Il tombe ainsi dans l'erreur contraire à celle de l'individualisme. Il exagère la variabilité de la nature humaine comme l'individualisme en exagérait la constance. Il n'est pas vrai que notre nature doive être la même dans tous les pays et dans tous les temps, dans <u>tout l'avenir comme</u> dans tout le passé. Mais il n'est pas vrai non

1 *Grundlegung*, I, 11, 14, 38.

Célestin Bouglé

plus qu'il suffise de changer les formes de l'économie publique pour que notre nature se trouve, du même coup, radicalement transformée. Les motifs de toute sorte qui ont présidé à la construction des formes économiques demeureraient les mêmes sur les ruines de ces formes. C'est donc sur eux qu'il faudrait agir. Les difficultés que rencontrerait le socialisme ne seraient pas tant, en ce sens, techniques ou pratiques que psychologiques [1].

D'une façon générale on peut dire que le socialisme, trop pessimiste à l'égard de la réalité, est trop optimiste à l'égard de l'avenir. De même l'individualisme, en déclarant que le système de la libre concurrence crée le meilleur des mondes possible, et que, si le jeu des lois économiques semble choquer les lois morales, on n'y peut rien faire, est à la fois, en des sens différents, trop optimiste et trop pessimiste. Les erreurs morales des deux adversaires reposent sur leurs erreurs psychologiques. L'un demande trop à l'homme, l'autre, trop peu.

Le socialisme d'État, tel que Wagner l'entend, destiné à prendre place entre ces deux extrêmes, s'attachera à n'oublier ni les intérêts communs ni les intérêts individuels. Pour le bien même de la communauté [2], il laissera une place, dans son système socialiste, à l'individualisme. Il voudra lier le réalisme à l'idéalisme [3] ; reconnaissant que l'homme, bien qu'il reste toujours à peu près le même, est susceptible d'un certain développement, il s'efforcera de faciliter le progrès de l'humanité, par une combinaison rationnelle de tous les motifs économiques, non par l'exclusion de l'un ou de l'autre.

Comme les questions pratiques, la psychologie dénouera les questions théoriques. Grâce à elle, l'induction et la déduction, présentées trop souvent, aujourd'hui, comme exclusives l'une de l'autre, pourront être réunies.

L'école historique après avoir constaté l'inexactitude des résultats obtenus par l'école abstraite, a le tort d'en vouloir à tout prix écarter la méthode, comme maîtresse d'erreur et de fausseté. Elle prétend, pour substituer les réalités aux idéologies, les vérités aux conjectures personnelles, ne s'appuyer que sur l'histoire et ne s'élever que par l'induction. À vrai dire, les erreurs de l'ancienne école

---

1 *Grundlegung*, I, 120-130.
2 *Grundlegung*, I, 59.
3 *Grundlegung*, I, 25.

Chaitre III

sortent moins de sa méthode déductive que du point de départ de ses déductions. Il importe de changer, non pas tant le mode du raisonnement, indispensable, sans doute, à la construction d'un système, que ses prémisses. L'école anglaise prenait pour point de départ l'hypothèse d'une force unique, absolue, mécanique [1]. La psychologie élargira en quelque sorte cette hypothèse, la fera plus souple en la pliant au contact des faits. Mais cette hypothèse servira toujours à une déduction. On compare quelquefois la science économique aux sciences naturelles en disant que, comme celles-ci, elle doit renoncer aux *a priori,* et se contenter de l'induction. Mais les sciences naturelles, elles aussi, s'efforcent de « raisonner » les faits ; tout l'effort de leur induction est d'atteindre à des faits premiers dont elles pourraient déduire tous les autres. Le privilège de l'économie politique est qu'elle n'est pas astreinte à chercher pas à pas, sans en avoir aucune idée, ces faits premiers. L'observation intérieure les lui donne tout d'abord : elle met en lumière certains motifs, et éclaire ainsi toute l'histoire, où l'observation extérieure les retrouve et les reconnaît. Cette double observation établit les faits sur lesquels la déduction économique peut s'élever. Sans doute ce ne sont pas des faits premiers au sens métaphysique du mot, des causes ontologiques, mais l'économie politique n'a pas besoin de remonter si haut, et de découvrir l'être métaphysique de ses motifs. Elle les prend pour ce qu'ils sont : des faits [2].

Un fait constant, vérifié par l'observation intérieure et extérieure, et non plus un principe absolu en quelque sorte intemporel, tel sera pour nous l'égoïsme. Sa qualité de constance suffira à lui faire dans nos déductions une place spéciale. Nous aurons le droit de supprimer hypothétiquement les variables qui contrarient les mouvements de cette constante. Ce genre d'abstraction est d'un usage courant dans les sciences physiques. Et, de même que l'expérimentation des sciences physiques a été comparée à une abstraction palpable [3], on pourrait comparer l'abstraction des sciences sociales à une expérimentation idéale. Il importe seulement de ne pas perdre de vue les hypothèses sous lesquelles la déduction partant de cette abstraction nous sera permise. Elles concernent, en économie politique, tant le vouloir que le savoir et le pouvoir

1 *Grundlegung,* I, 809.
2 *Grundlegung,* I, 15-20, 167-241.
3 Steinthal. *Zeitschrift für Völkerpsychologie,* 1887, p. 244.

Célestin Bouglé

de l'homme. Pour que nous puissions attacher légitimement à l'égoïsme une déduction économique, il nous faut supposer que les hommes veulent uniquement leur bien économique, qu'ils le connaissent parfaitement, et qu'ils peuvent le chercher librement [1]. Les conditions d'une déduction sont parfois, en physique, un certain état de la température et de la pression atmosphérique. Elles seront, ici, un certain état de la morale, de la science et du droit. En restant dans ces conditions idéales, la déduction peut être aussi exacte que possible, et rien n'empêche, dit Wagner, qui semble ici aller plus loin que beaucoup des partisans de la déduction économique [2], qu'on lui donne la forme mathématique. Contre la méthode mathématique de l'économie politique pure, il n'y a pas d'objections de principe ; mais il faut dire que le cercle de son application est extrêmement étroit.

Il est certain en effet que, dès qu'il s'agit d'appliquer la déduction à la réalité, la méthode mathématique manque, en quelque sorte, de prise. La réalité ne nous présente jamais réunies les conditions idéales de la déduction. Pour que celle-ci conserve une valeur, il nous faut faire varier méthodiquement ces conditions elles-mêmes, en faisant correspondre, autant que possible, ces variations aux circonstances historiques. Nous aurons ainsi à faire entrer en ligne de compte les variations que les dispositions, conceptions et habitudes des nations, des classes, des métiers imposent aux trois hypothèses du pur vouloir, du plein savoir et du libre pouvoir économiques. La déduction perd ainsi en exactitude ce qu'elle gagne en réalité. Wagner ne va pas jusqu'à dire avec Helmholtz [3] qu'il s'agit moins, alors, d'un procédé logique que d'un tact psychologique ; mais il est forcé de reconnaître que toute détermination quantitative est, ici, illusoire. Nous ne pouvons plus obtenir que des valeurs approchées de la réalité. Il n'en est pas moins vrai que notre procédé reste essentiellement déductif [4]. Sans doute, la part de l'induction se fait de plus en plus large ; elle aura à vérifier, d'un côté, les hypothèses, et, d'un autre côté, les conclusions de la dé-

---

1 *Grundlegung*, I, 170-180.
2 Cf. *Tüb. Zeitschrift für Staatwissenschaften*, 1892, Heft 3, p. 463 : Neumann, *Loi naturelle et loi économique*. Même revue, 1893, Heft 4 : Voigt, *les Mathématiques en économie politique*.
3 Helmholtz, *Ziel und Fortschrift der Naturwissenschaften*, p. 130.
4 Wagner le soutient contre Wundt. *Logik*, II, 590.

duction, son point de départ comme son point d'arrivée. Elle n'est cependant pas autre chose, ici, qu'un procédé complémentaire de la déduction.

Supposons, en effet, l'induction livrée à elle-même. Peut-elle, comme le prétend la suffisance des statisticiens et des historiens, nous, donner cette exactitude qu'elle reproche à la déduction de ne pas atteindre ?

Il appartient à l'histoire de décrire les faits économiques, mais dès qu'il s'agit de les classer et de les expliquer, d'obtenir des types et des lois, peut-elle se passer de déduction ? Sans doute l'histoire comparée peut découvrir certains types économiques [1], mais il faut noter la difficulté qu'elle éprouve à les préciser, à en formuler une définition exacte. L'histoire considérée en elle-même, indépendamment de la statistique, ne comporte pas de déterminations quantitatives : elle n'étudie que les qualités des événements. C'est d'un certain nombre de ces qualités qu'elle doit faire abstraction pour dépasser la description des cas individuels, et l'on sent combien il lui est difficile, en se privant du fil de la déduction, de faire un choix logique entre ces qualités. S'il s'agit non plus de types, mais de lois, l'insuffisance de l'histoire proprement dite est encore plus sensible. Les lois qu'elle prétend nous donner sont dites lois d'évolution. Mais quelles équivoques cette expression ne cache-t-elle pas [2] ? Elle devient aujourd'hui de plus en plus sujette à caution. La plupart des prétendues lois d'évolution, appliquées à des événements particuliers dont elles distinguent les phases, sont de pures descriptions. Prétendez-vous appliquer ces lois à l'ensemble des phénomènes économiques ? Nous vous renvoyons alors aux objections portées contre la philosophie de l'histoire en général. La loi d'évolution ne fait que rassembler sous une expression unique un certain nombre de phénomènes complexes, résultats des causes les plus différentes. Ce sont ces causes qu'il eût fallu connaître pour exprimer des lois partielles ou universelles ; les lois d'évolution ont peut-être, le plus souvent, le désavantage de détourner l'esprit de la véritable méthode scientifique, dont la fin est la réduction des phénomènes complexes à leurs diverses composantes, dont le commencement doit être, par conséquent, l'abstraction isolante.

---

1 *Grundlegung*, I, 221.
2 *Grundlegung*, I, 237-140. Cf. Simmel, *Die Problème der Geschichtsphilosophie*.

Célestin Bouglé

La statistique a sur l'histoire l'avantage d'être quantitative. Mais un certain nombre de faits seulement, et les faits d'un certain ordre, se laissent mesurer par elle ; les plus intéressants, peut-être, ceux qui renferment la clef des autres, lui échappent : ainsi tous les facteurs psychologiques, « impondérables spirituels [1] ». Cette limitation même des faits accessibles à la statistique limite la portée de ses lois. La découverte des nombres dans les choses qui paraissent les mieux faites pour échapper aux nombres a provoqué parfois, chez les statisticiens, une sorte d'enthousiasme mystique [2], qu'on pourrait comparer à celui des pythagoriciens ; dans leurs nombres ils ont cru trouver les lois, non plus seulement vraisemblables et conjecturales, mais précises, mathématiques du développement historique. Mais l'exactitude tout extérieure des chiffres de la statistique, ne doit pas faire illusion. Un statisticien et un philosophe, Rümelin, dont l'ouvrage [3] a fait date dans l'histoire du concept de la loi sociale, disait déjà, en 1875, qu'il ne manquait à beaucoup de prétendues lois de la statistique que ce qui fait précisément la loi, c'est-à-dire une cause. Et Wagner, qui a commencé, lui aussi, par être statisticien, semble reconnaître que la statistique est moins une science proprement dite qu'une description, mathématique descriptive si l'on veut, histoire plus précise, mais qui, comme l'histoire proprement dite, a besoin, pour découvrir des lois, d'être guidée par la déduction, partant des causes.

Le résultat de ces discussions du concept de loi, qui dirigent toute l'évolution des sciences sociales, apparaît assez clairement dans l'opposition des deux sens qu'on donne quelquefois, en Allemagne, au mot « exact » [4]. Est exacte la description d'un fait aussi précise que possible, la notation quantitative de toutes ses circonstances. Mais d'un autre côté est exacte, seule, l'explication d'un fait qui nous montre le rapport logique de ce fait à sa cause, qui le déduit de celle-ci. Les deux exactitudes ne se laissent pas ordinairement atteindre du même coup, ni par le même procédé : et si l'une appartient à la statistique, l'autre est réservée à la déduction. La statistique rassemble des régularités et des similitudes : mais tant

---

1 *Grundlegung,* I, 209.

2 Cf. Schmoller, *Litteraturgeschichte der Staats-und Social wissenschaften,* 1889, p. 183.

3 Rümelin, *Reden und Aufsätze,* 1er chap. : Sur le concept de la loi sociale.

4 Cf. Menger. *Untersuchngen über die Methode der Social-wissenschaften.*

qu'elles ne sont pas rattachées à leur cause, ce ne sont que des lois provisoires ou, pour mieux dire, des lois en expectative : jusqu'à nouvel ordre, elles sont comme du hasard à nos yeux. En ce sens, on pourrait dire qu'un fait psychologiquement expliqué est plus exact qu'un fait mathématiquement constaté, qui attend toujours son explication.

Ainsi la psychologie seule peut nous donner les véritables lois économiques. Leur donnerons-nous le titre de lois naturelles ? Ce serait méconnaître le caractère historique et psychologique imposé à l'économie politique comme à toutes les sciences sociales. Si exactes que leurs déductions puissent être en théorie, elles ne s'adaptent jamais absolument à la réalité. N'ayant été déduites que sous certaines hypothèses, les lois économiques ne peuvent correspondre, dans l'histoire, qu'à des *tendances* [1]. De plus, alors que les forces naturelles, point de départ des sciences physiques, sont toujours présentes et seulement plus ou moins évidentes, les forces psychologiques, que la déduction économique prend pour point de départ, peuvent être dans la réalité absentes. Enfin leur mode d'action même n'est pas, par le seul fait de leur présence, absolument déterminé d'avance. La complication même des motifs de notre activité laisse un certain jeu à l'indétermination, et ne permet pas aux lois économiques d'atteindre à la précision des lois naturelles.

Ainsi l'économie politique, bien qu'elle connaisse mieux, à vrai dire, ses causes que la science physique, puisqu'elles lui sont données, comme nous l'avons vu, dans la conscience, ne peut cependant, aussi bien que la science physique, déterminer, dans la réalité, les effets de ces causes. Son caractère psychologique explique donc ses avantages comme ses désavantages. Il nous ordonne de n'user exclusivement ni de l'induction ni de la déduction, mais de compléter l'une par l'autre.

En théorie comme en pratique, nous substituons donc aux antithèses et aux dilemmes, des continuités, du plus ou du moins. Nous pourrons de la sorte, qu'il s'agisse de la découverte des faits, des types ou des lois de l'économie politique, ou encore de la découverte de son sens, de son but et de ses moyens [2], résoudre tous

---

1 *Grundlegung,* I, 189, I, 238-242.
2 Ce sont les six problèmes, trois théoriques, trois pratiques, que Wagner dis-

Célestin Bouglé

les problèmes, sans être forcé, par la faute de l'étroitesse de la méthode, d'en supprimer et d'en méconnaître aucun. Une psychologie et une logique assez larges permettront à notre système de ne rien exclure et d'embrasser, dans ses différentes parties, à la fois la théorie, l'histoire et la pratique.

II

Il n'est pas inutile, pour bien comprendre quelle part le système fondé sur ces principes prétend faire, de la sorte, à l'*idée*, au *devenir* et au *devoir*, de rappeler brièvement quelles ont été, en fonction de ces trois termes, les évolutions récentes de l'économie politique.

Avec Adam Smith, l'économie politique s'attache à définir les « idées » économiques, valables pour tous les lieux et tous les temps, cosmopolites et perpétuelles, suivant les expressions de Knies. A vrai dire, elle n'oppose pas à ces idées la réalité du devenir, elle absorbe plutôt toute réalité en elles, les considérant comme des forces naturelles qui agissent partout avec une nécessité mécanique. Ou du moins, si telle période de l'histoire ne semble pas s'expliquer par leurs seules actions et réactions, c'est que les lois des hommes contrarient les lois de la nature. L'homme, prenant conscience du caractère naturel de ces lois, n'a plus, dès maintenant, qu'à s'incliner devant elles et à les laisser passer ; le devoir commun à tous les États est de s'effacer, pour ainsi dire, devant leur libre concurrence. C'est ainsi que les abstractions de l'économie politique se transformaient en impératifs, et, à défaut d'explications, donnaient des règles. Ainsi l'individualisme, laissant de côté l'histoire, unissait immédiatement la théorie et la pratique ; son mépris même du devenir le faisait passer sans transition de l'idée au devoir.

L'histoire se chargera de détruire ce système qui ne lui faisait aucune place. Il se prétendait au-dessus du temps ; mais on découvrira qu'en l'élevant, les penseurs du XVIIIᵉ siècle cédaient, sans s'en rendre compte, à la pression de leur temps. Pour Roscher, Hildebrand, Eheberg, le système d'Adam Smith est le reflet de l'organisation économique qu'il avait sous les yeux, ses catégories

tingue, I, 142-166.

apparaissent, suivant le mot de Lasalle, non plus comme logiques ou naturelles, mais comme historiques. Elles correspondent aux transformations des forces matérielles, techniques, politiques et morales du XVIIIᵉ siècle.

Le mouvement de ces mêmes forces devait, en se continuant, faire naître une économie politique nouvelle. Peu importe ici, d'ailleurs, qu'on attribue à certaines de ces forces le privilège d'avoir entraîné les autres, qu'on explique ce mouvement par une philosophie de l'histoire intellectualiste comme celle de Comte et de Buckle, ou matérialiste comme celle de Marx et de Engels. Les transformations de la technique, en même temps que celles de la philosophie, conduisaient les esprits à reconnaître : d'une part, que le système de l'ancienne économie politique ne correspondait plus au moment présent de l'histoire ; d'autre part, qu'à des moments différents de l'histoire des systèmes différents pouvaient correspondre.

Ainsi des considérations à la fois pratiques et historiques combattaient les spéculations théoriques. La part de l'histoire devait se faire de plus en plus grande. Sans doute chez les économistes comme chez les socialistes proprement dits, ce sont souvent les réformes pratiques qui ont postulé, en quelque sorte, les réformes scientifiques. On a pu dire, par exemple, du protectionnisme d'un List qu'il n'est pas tant l'effet que la cause du caractère nationaliste qu'il imprime à sa science. Il n'en est pas moins vrai que, pour autoriser une réforme du présent, c'est bientôt toute l'histoire du passé qu'on invoque. L'histoire devient ainsi, peu à peu, fin en soi, et réclame toute l'attention des économistes. Sans doute, ils ne s'expliquent pas très clairement sur ce point. Knies dit bien que la recherche du but, du devoir de l'évolution économique ne lui paraît pas appartenir à la science, et Schmoller, que la seule fin de l'économiste est la vérité, l'objectivité. Tous deux cependant tirent de leur science des réformes pratiques. Cette espèce d'incertitude [1] les expose aux reproches les plus opposés. Menger leur reprochera de mêler à la science économique les questions pratiques, Wagner de vouloir les en écarter. Il semble bien en réalité que, du moins chez les plus jeunes représentants de l'école historique, l'état d'esprit auquel conduit l'histoire soit, comme il arrive souvent, une espèce d'abstention pratique, ce que Wagner appelle le « quiétisme des

---

1 *Grundlegung*, I, 16, 51, 146 ; II, 751.

Célestin Bouglé

historiens ». La passion de la vérité historique, suivant Schmoller, remplacerait peu à peu les passions sociales. Ainsi le terme négligé par l'ancienne école abstraite, l'histoire, en arriverait à absorber, en quelque sorte, les deux autres, la pratique comme la théorie. Par l'abandon successif des abstractions, la science de l'économie politique tend de plus en plus à se fondre dans l'histoire générale de la civilisation : l'idée et le devoir se dissolvent en quelque sorte dans le devenir.

Cette confusion devrait provoquer une réaction. L'école autrichienne, avec Karl Menger [1], en a pris l'initiative. Il s'est efforcé de séparer nettement les trois termes que l'évolution de l'économie politique avait mêlés.

La pratique, à l'origine de l'économie politique, comme à l'origine de toutes les sciences, précède la théorie et l'entraîne. Mais l'effort des sciences doit être, pour se constituer, de briser cette dépendance, autrefois nécessaire, maintenant dangereuse. Mélangeant en quelque sorte ce qui se passe et ce qui demeure, tendant, par suite, à nous faire voir le présent sous l'aspect de l'éternité, et réciproquement, elle ne permet pas de poser nettement le problème de la science. La méthode même ne s'en peut définir, car comment imaginer une méthode unique destinée à servir des fins aussi différentes que le bien économique et le vrai ? L'économie politique pratique doit donc être distinguée de l'économie politique théorique comme la thérapeutique de la physiologie ; c'est un art.

Dans la connaissance même, opposée à l'art, il faut distinguer non pas seulement des degrés, mais des genres absolument différents. La connaissance peut-être ou historique ou théorique.

Historique, elle ne s'occupe que des faits concrets, particuliers, qu'ils soient d'ailleurs individuels ou collectifs, ce qui ne veut pas dire généraux. Elle peut non seulement les connaître, mais les comprendre. Seulement l'intelligence historique proprement dite reste toujours enfermée dans le concret : ne s'appliquant qu'au devenir particulier, elle ne comprend un phénomène qu'en connaissant dans leur particularité, comme elle connaissait le fait lui-même, les conditions concrètes au milieu desquelles il est né.

---

1 Karl Menger, *Methode der Socialwissenschaften,* 1883 ; *Die Irrthümer des Historismus,* 1884.

À la connaissance théorique il est réservé de fixer les types et les relations typiques, c'est-à-dire de ne voir dans le fait particulier qu'un exemple de la loi. Deux voies lui sont ouvertes. Elle peut ou chercher ces types dans l'observation des phénomènes complexes : et c'est la direction que Menger appelle *réaliste-empiriste* ; ou au contraire elle peut s'efforcer de « penser », comme des types, les éléments les plus simples des phénomènes ; elle est alors *exacte* [1].

La première méthode n'atteint pas, en effet, à l'exactitude. Parmi les faits qu'elle observe, il n'en est pas un qui se répète deux fois exactement semblable à lui-même ; les types qu'elle en tire restent donc soumis à toute l'imprécision de l'empirisme. La deuxième, au contraire, prenant son point de départ dans les éléments simples, échappe aux inexactitudes. Elle est à la première ce que la méthode des sciences physiques est à celle des sciences physiologiques. Les deux méthodes restent séparées, aussi nécessaires l'une que l'autre. Nier l'une par l'autre, ce serait, ressembler à un physiologiste qui, parce que les lois physiques sont abstraites, nierait la physique, ou à un physicien qui, parce que les lois physiologiques sont empiriques, nierait la physiologie. Subordonner l'une à l'autre, dire que les résultats de la méthode exacte ont besoin, pour être valables, d'être vérifiés par la méthode empirique, ce serait, ressembler à un géomètre qui voudrait vérifier, par la mesure des corps réels, les lois de la géométrie. La méthode exacte ne se préoccupe donc pas de se plier à la diversité du réel, de parti pris elle ne considère qu'un côté de la réalité, et, sur ce seul côté, bâti géométriquement son système. Lui reprocher ce postulat scientifique et le traiter de dogme, ce serait reprocher à la chimie par exemple, de supposer un or pur, une eau pure qui ne lui ont jamais été donnés en expérience . En un mot la réalité n'est pas la mesure de l'exactitude. La théorie exacte de l'économie politique ne peut se constituer qu'à la condition de s'abstraire du présent comme du passé, de la pratique comme de l'histoire : il faut séparer nettement, en un mot, les termes que l'école historique avait confondus, l'idée, le devenir et le devoir.

Il est facile de se rendre compte de l'influence que ces théories ont exercée sur Wagner comme sur la plupart de ceux qui s'efforcent de construire, en Allemagne, les sciences sociales. Wagner déclare

---

[1] *Methode der Socialwissenschaften*, p. 31-49.

Célestin Bouglé

lui-même à plusieurs reprises que, dans le combat des méthodes *(Methodenstreit),* il se tient plus près de Menger que de tout autre. Mieux que tout autre en effet, Menger rappelle, contre les exagérations de l'historisme, la part de légitimité qui revient à la méthode abstraite et déductive inaugurée par l'ancienne école. Mais l'effort de Menger est, comme il arrive souvent aux promoteurs des réactions, de séparer et d'exclure ; l'ambition de Wagner serait au contraire de rassembler et de concilier. La dialectique de l'histoire a pour ainsi dire analysé les différents termes réunis tout d'abord dans des syncrétismes confus ; le moment serait venu maintenant de faire la synthèse de ces éléments dans un système à la fois logique, historique et pratique, qui rassemblerait les vérités de toutes les écoles.

Certaines phases de la philosophie antique nous offrent comme des symboles de cette dialectique des sciences sociales. La jeune école historique s'abandonne, pour ainsi dire, au principe du πάντα ρεῖ et en arrive à nier la possibilité même d'une science proprement dite de l'économie politique. Une sorte de scepticisme théorique et même pratique, s'il faut en croire Wagner, sortirait de cette constatation du flux universel des phénomènes. Pour sauver la science de ce scepticisme, la nouvelle école abstraite s'efforce de mettre l'être, pour ainsi dire, hors des prises du devenir, d'élever l'idée au-dessus des phénomènes : elle crée ainsi comme un monde économique éternel où la théorie se réfugierait loin du monde changeant. À cette conception Wagner oppose l'objection tant de fois adressée depuis Platon, qui l'a formulée le premier, à la doctrine des idées. Entre ces deux mondes, nul rapport ; arbitraire est la science que vous construisez dans les nues, et, par suite, les phénomènes qui se passent sur la terre sont livrés à l'arbitraire. Les empiriques en prennent possession, la connaissance n'y est plus que conjecture, la pratique que tâtonnement. L'idée est si loin du devenir qu'elle ne peut plus ni l'expliquer, ni le régler. Il faut donc faire communiquer ces deux mondes, rétablir une μθέξς. Wagner cherchera ce milieu en s'écartant également de Schmoller et de Menger, ou plutôt en les rapprochant tous les deux. L'un exagère la diversité, l'autre, l'unité des phénomènes économiques. Il faut mesurer plus rationnellement le Même et l'Autre pour trouver, entre l'être et le devenir, un juste milieu, où la théorie puisse rejoindre l'histoire et la pratique.

Chaitre III

On voit, au terme de cette évolution, jusqu'à quel point l'économie politique s'éloigne, jusqu'à quel point elle se rapproche des conceptions de l'ancienne école abstraite.

Gomme l'ancienne école, d'abord, Wagner veut embrasser dans un système la théorie et la pratique : il veut restituer à la science, et non pas abandonner à une symptomatique et à une thérapeutique d'occasion, la détermination de la fin comme des moyens de l'économie politique. Mais en quel sens la pratique sort-elle ici de la théorie ? Wagner se garde de tirer immédiatement l'une de l'autre, sans passer par l'histoire. Il peut adopter comme un idéal scientifique le postulat de l'égoïsme exploité par l'ancienne école, mais il ne confond pas, comme elle le faisait, l'idéal scientifique avec l'idéal moral [1]. Il emprunte, pour servir de point de départ à sa déduction, l'abstraction individualiste ; mais il est loin de dire qu'il faut supprimer dans la réalité tout ce qu'il supprime en idée. L'ancienne école suppose, puis, tout aussitôt, réclame un État cosmopolite, une économie publique atomiste, un droit individualiste, une société matérialiste. Ce ne sont là pour Wagner que des hypothèses méthodologiques. Nul plus que lui n'est persuadé que les États, dans la réalité, diffèrent et s'opposent les uns aux autres, que l'économie publique est autre chose que l'économie privée, que le droit individualiste n'est qu'un des moments du droit, que la société enfin a d'autres forces que les forces matérielles. L'histoire le conduira ainsi à accorder plus que tout autre, dans la pratique, aux intérêts communs, qui sont à ses yeux autre chose que l'ensemble des intérêts individuels ; il aboutit à des réformes pratiques entièrement opposées à celles de l'ancienne école ; alors même qu'il fait dans son système des concessions à l'individualisme, il pense encore, dit-il, à l'intérêt de la communauté [2].

À vrai dire, entre ces conclusions pratiques et la théorie, le lien nous échappe souvent. Peut-on dire que la science proprement dite nous y conduise ? C'est l'histoire qui apporte à Wagner les fins d'après lesquelles il prétend régler la vie économique de l'histoire ; il prétend tirer des faits ce qu'il appelle des axiomes sociaux [3] valables pour un temps donné. Mais y a-t-il dans cette opération rien

1 Cf. Dietzel, *Beïträge zur Methodik der Wirthschaftswissenschaft* ; *Jahrbücher für NationalOekonomie*, 1884.
2 *Grundlegung*, I, 59.
3 II, 776.

Célestin Bouglé

de proprement scientifique ? Dans quelle mesure peut-on dire que le système détermine ces axiomes ? Ils n'en sortent pas logiquement, ils restent bien plutôt en dehors de lui, impossibles à déterminer autrement peut-être que par le sentiment personnel. En ce sens il nous semble que les objections que Simmel dirige contre les sciences dites à tort normatives peuvent porter sur le système de Wagner. La science peut, des fins nous étant données, nous indiquer les moyens propres à les atteindre, mais ces fins, ces normes dernières, l'économie politique, pas plus qu'une autre science sociale, ne les crée ou même ne les démontre. Elle les prend toutes faites. Et peut-être, dès lors, est-ce une illusion que de vouloir faire entrer dans le système de la science, au même titre, les problèmes pratiques et les problèmes théoriques.

Il faut reconnaître, du moins, que la psychologie de l'Introduction ne nous prépare guère aux conclusions pratiques de Wagner. Elle ne nous montre pas les racines de ces concepts proprement sociaux, dont il doit tant user dans la pratique, en les opposant aux concepts individuels. Ce sera un de ses procédés habituels que de distinguer entre un ensemble et un tout ; il établira contre Bastiat que l'économie sociale est autre chose que la juxtaposition des économies privées [1] : aux intérêts individuels qui voudraient se réaliser par une sorte d'atomisme, il oppose les intérêts communs qui se réalisent d'abord naturellement par l'organisme social, puis rationnellement par l'organisation sociale. Mais cette opposition n'eût-elle pas gagné à être éclairée, dès le début, par la psychologie ?

Nous pouvons ici en appeler aux théories de Lazarus — comme tout à l'heure nous en appelions à celles de Simmel — pour regretter que Wagner n'ait pas fait place, à côté de la psychologie individuelle, à une psychologie sociale. Elle eût approfondi l'idée de la conscience commune, dont Roscher faisait déjà si grand usage, et montré comment les sociétés sentent et cherchent leurs intérêts. Il ne se fût pas agi de ressusciter des entités nouvelles. Les êtres sociaux ne valent plus comme substances, mais ils ont droit, comme fins, formes et fonctions, à une étude spéciale. Les conditions mêmes de la vie sociale imposent aux individus certaines matières comme certaines formes d'action ; elles président à la formation d'un esprit public qui peut être l'objet d'une étude à la fois ma-

---

1 *Grundlegung,* I, 360.

térielle et formelle. Puisque Wagner devait faire si souvent appel, dans l'ordre pratique, à l'opposition de ce qui est purement individuel et de ce qui est proprement social, ne devait-il pas classer les fins sociales comme il a classé les fins individuelles ? Ne devait-il pas nous montrer comment une nation, une race, une classe comprend et poursuit ses intérêts économiques ? N'était-ce pas la seule façon de relier comme il le voudrait la théorie et la pratique, de nous préparer, par la psychologie, aux problèmes du protectionnisme, de l'antisémitisme ou du socialisme international ?

On pensera peut-être que, si Wagner paraît négliger l'étude des catégories de la psychologie sociale, leur valeur toute relative et historique en est cause. Elles ne trouvent d'applications qu'entre des limites parfois assez étroites ; les faits auxquels elles pourraient s'appliquer tantôt disparaissent très vite de l'histoire, tantôt y apparaissent très tard ; un économiste a pu soutenir [1] que les conditions historiques répondant à l'idée d'une économie publique *(Wolkswisthschaft)* sont de date relativement très récente. Wagner, occupé de lutter contre l'historisme, voudrait donner comme points de départ à ses déductions des abstractions de valeur universelle ; c'est pourquoi il s'adresserait à la psychologie individuelle et se défierait de la psychologie sociale.

Mais, parce que Wagner veut que les sciences de l'esprit, pour se constituer, se fassent, dans une certaine mesure, abstraites et déductives, comme les sciences de la matière, il ne faut pas croire qu'il demande à celles-là tout ce qu'on obtient de celles-ci. Mieux que personne, il se rend compte que les sciences sociales ne peuvent jouir ni d'abstractions aussi universelles, ni de déductions aussi rigoureuses. C'est dans les faits psychologiques, non dans les idées métaphysiques, qu'il cherche les abstractions nécessaires à la construction des sciences nouvelles : en tant que faits psychologiques, ces abstractions sont, en dernière analyse, historiques, et n'ont pas une valeur éternelle. Wagner ne prétend pas revenir à une sorte d'économie politique de l'éternité : il entreprend une économie politique temporelle, destinée à expliquer l'histoire et en soumet les principes mêmes aux conditions de l'histoire. C'est ainsi qu'il reconnaît la relativité de ceux qu'il demande à la psychologie individuelle elle-même. Que l'homme recherche le maxi-

---

1 Karl Bücher. *Die Entstehung der Volkswirthschaft*, 1893.

Célestin Bouglé

mum de bien par le minimum de peine, c'est un fait constant, rien de plus. L'expérience, du moins celle des périodes historiques, nous montre sa constance, mais aucun raisonnement ne nous démontre sa nécessité. Aussi pourrions-nous dire qu'aucune raison logique ne nous empêche d'imaginer l'existence d'une invention telle qu'elle réformerait, en se perpétuant, la nature de 1'« homme économique », et, en changeant les faits, nous forcerait à changer les principes mêmes de l'Économie politique. Wagner déduit, de certains faits psychologiques, les faits économiques, mais il ne déduit pas ces faits psychologiques eux-mêmes. Il reconnaît que ce ne sont pas des faits premiers, et que, pour produire les cinq grands motifs que son analyse distingue, bien des forces élémentaires doivent entrer en composition. Les forces élémentaires du monde matériel, le physicien les connaît : il part de faits premiers, ou, pour mieux dire, d'idées premières à l'aide desquelles il s'explique les mouvements que ses sens constatent. Les forces élémentaires du monde moral restent au contraire inconnues à l'économiste. Mais qu'importe ? si l'on veut faire non une métaphysique, mais une science de l'économie politique, on n'a pas besoin de tout démontrer. Du moment que nous partons de faits dûment constatés, assez généraux pour mettre une certaine unité dans la multiplicité des phénomènes historiques, nous faisons œuvre scientifique. Et nous pouvons même dire que, en constatant ces faits par l'observation intérieure, nous avons un avantage sur le physicien : les causes réelles des phénomènes nous sont plus prochaines, nous les atteignons plus directement, nous les prenons en quelque sorte sur le vif.

Ces causes sont des désirs. Cela seul nous fait comprendre la profonde différence qui sépare ces déductions des sciences sociales des déductions des sciences physiques. Je considérerais une organisation économique comme expliquée si je savais pour quels motifs égoïstes, honorifiques, moraux, les hommes ont dû l'adopter de préférence à quelque autre. J'aurais donc expliqué les actions des hommes par leurs fins, ma déduction serait téléologique. Il faut reconnaître qu'une déduction téléologique use de procédés assez distincts de ceux d'une déduction mécanique et n'atteint pas aux même résultats. La déduction mécanique va de la cause à l'effet, qu'elle unit par un lien de nécessité. La déduction téléologique va de la fin à l'action : la même nécessité ne les relie pas. Pour prouver que l'action d'un homme va prendre telle direction précise il ne me suffit pas de montrer la fin qu'il poursuit : pour une même fin, quoi qu'on dise Mayer, plusieurs moyens peuvent être bons. Entre l'instinct de la conservation, par exemple, et telle forme de la lutte pour la vie, il n'y a aucune liaison logique nécessaire. Pour éviter les conséquences de la concurrence, les hommes différencient leurs activités. Peut-on dire que cette différenciation soit un effet mécaniquement nécessaire de leur concurrence ? D'autres effets étaient possibles. Par conséquent, outre qu'il est souvent très difficile de constater l'existence des fins, les fins, une fois constatées, ne déterminent pas les phénomènes avec la même rigueur que les causes proprement dites. La déduction téléologique est très loin d'atteindre aux certitudes de la déduction mécanique.

Il semble bien cependant que, malgré tout, les sciences sociales ne puissent se passer de cette déduction approximative. À vrai dire, théoriquement, les deux genres d'explication semblent pouvoir s'appliquer à tous les objets de science. Un phénomène m'étant donné, aucune raison logique ne m'empêche de chercher ou les mouvements qui le poussent, en quelque sorte, ou les sentiments qui l'attirent. Mais la nature même des phénomènes limite pratiquement l'application des méthodes. Je choisis l'une ou l'autre suivant qu'elle est, d'une part, plus ou moins aisément applicable, d'autre part, plus ou moins déterminante, suivant qu'elle est enfin, en prenant le mot vulgaire dans une acception philosophique, plus ou moins pratique. Par exemple, rien ne m'empêche d'essayer d'expliquer mécaniquement, par les mouvements du cerveau, tel désir humain, d'autre part, d'expliquer téléologiquement, comme on a quelquefois voulu le faire, par un désir et une sorte d'amour, les attractions de tels corpuscules dont on ne sait pas avec certitude s'ils appartiennent déjà au monde des organismes. Mais d'une part l'application de ces méthodes est difficile. Il faudrait, pour ainsi dire, pénétrer dans le cerveau pour y constater avec précision les mouvements qui précèdent le désir, pénétrer aussi dans la prétendue âme des corpuscules pour y constater les désirs qui précèdent le mouvement. D'autre part, fussent-elles applicables, ces explications ne seraient pas à proprement parler déterminantes. De tel mouvement que, dans le premier cas, je constate, de tel dé-

Célestin Bouglé

sir que, dans le second cas, je suppose, je ne peux déduire, ici, tel mouvement déterminé, et là tel désir. Car entre ces désirs et ces mouvements je peux voir une succession de faits, non une liaison logique. Appliquons au contraire au premier cas la déduction téléologique, au second la déduction mécanique ; nous expliquerons la naissance de tel désir par la conscience de tel besoin, la direction de telle attraction par la force de tels mouvements antérieurs ; nos explications seront à la fois applicables et déterminantes. Or on peut, théoriquement, essayer d'appliquer aux sciences sociales l'explication mécanique. On mesurera donc tout d'abord, les mouvements qui correspondent à la vie des sociétés. C'est en ce sens que Steinthal a pu dire que la statistique était comme la psycho-physique des peuples. Elle peut mesurer les phénomènes extérieurs qui accompagnent les phénomènes sociaux ; mais, dans ces phénomènes qui se laissent mesurer parce qu'ils sont dans l'espace, il n'y a rien qui détermine le cours du temps. Rümelin nous a montré que l'essence de la loi, la cause, leur échappait. Tant que je n'ai pas eu recours à une explication psychologique, et substitué le procédé téléologique au procédé mécanique, les phénomènes extérieurs ne sont que des lettres mortes, dont l'ordre et le groupement peut s'expliquer par toutes les causes possibles ; c'est dire qu'ils restent, jusqu'à nouvel ordre, indéterminés. On est forcé, pour les déterminer, d'en chercher la clef, pour ainsi dire, dans les désirs des hommes. Et s'il est vrai, comme nous l'avons indiqué, qu'une telle détermination reste toujours moins stricte qu'une détermination mécanique, il est juste de reconnaître qu'ici elle semble seule applicable ; elle seule établit un lien au moins vraisemblable entre des faits que la succession mécanique laisse encore logiquement séparés.

Les sciences sociales augmenteront donc le degré de leur vraisemblance non pas tant en cherchant à emprunter les modes d'explications des sciences physiques qu'en prenant plus claire conscience de ceux qui leur sont propres, pour les appliquer rationnellement. Il ne s'agit pas tant de renvoyer la déduction téléologique à la métaphysique, ce qui abandonnerait le monde à l'empirisme, que de fixer scientifiquement, sur la terre même, ses points de départ. Il faut donc que les sciences sociales au lieu de recevoir, du flux de l'histoire, des conceptions toutes faites, à la fois pratiques et théoriques, où les préoccupations du présent se mêlent aux souvenirs du passé, constituent elles-mêmes, non plus par des généralisations spontanées, mais par des isolements en quelque sorte prémédités, les abstractions qui leur sont nécessaires. Aux concepts bâtards que toutes les forces de l'histoire ont indistinctement contribué à créer, elles doivent substituer des concepts purs de tout mélange, tirés autant que possible de la considération d'une seule de ces forces. Ainsi la masse complexe du devenir pourra être divisée et résolue en ses éléments. L'esprit humain avait cru, tout d'abord, embrasser toute l'histoire dans une seule abstraction. La philosophie de l'histoire était moniste, et d'une seule idée, voulait déduire tout le devenir. Wagner combat, comme Simmel, ce monisme qui nie la multiplicité des forces élémentaires de l'histoire, mais, plus convaincu que Simmel de la nécessité des abstractions, il n'abandonne pas, du même coup, la déduction pour l'observation purement empirique des réalités. Entre l'Un, peut-on dire, objet de la philosophie de l'histoire, et l'Infini, objet de l'histoire, il veut qu'on intercale une série d'idées, objets des sciences sociales particulières. Aucune d'elles par conséquent n'a la prétention d'expliquer la complexité des faits historiques : elle n'est vraie que dans certaines limites, vraie parce qu'elle est partielle. C'est pourquoi Wagner, confiant dans l'avenir d'une science spéciale de l'économie politique, reste sceptique, comme Dilthey [1], à l'égard du succès d'une sociologie, qui devrait embrasser tous les côtés de la vie sociale. À vrai dire, la sociologie elle aussi prétend se spécialiser. Pour ne parler que de l'Allemagne, Tönnies, Simmel, qui veut faire pour la sociologie proprement dite ce qu'il n'a pas toujours fait pour la science de la morale, s'efforcent de définir une science non plus de tout ce qui se passe *dans* la société, mais de ce qui est proprement social [2], une sociologie non plus matérielle, pourrait-on dire, mais formelle. L'évolution des sciences sociales les conduit toutes, ainsi, à se séparer les unes des autres, à se différencier, à élever sur un des côtés de l'histoire un système particulier d'abstractions.

Ainsi à la question tant agitée depuis quelques années en Allemagne : « L'histoire est-elle une science ? » on répond : « L'histoire

---

1 *Einleitung in die Geisteswissenschaften,* fin du Ier livre.
2 Simmel, dans son cours sur la Sociologie, à l'Université de Berlin. Cf. son article sur le *Problème de la Sociologie,* dans la *Revue de Métaphysique et de Morale,* septembre 1894.

Célestin Bouglé

n'est pas une science proprement dite, parce que, des causes infiniment complexes des phénomènes humains, on ne peut tirer une loi générale du devenir historique ; mais qu'on sépare ces causes les unes des autres, chacune d'elles nous donnera une loi abstraite, une science partielle de l'histoire, »

Sans doute on peut rêver que ces sciences partielles conduiront elles-mêmes un jour à une science totale. La philosophie de l'histoire, qui a précédé la division du travail scientifique, le terminerait et le couronnerait ; après l'analyse des différentes forces élémentaires viendrait la synthèse qui reconstituerait le composé. Ainsi serait déterminé, jusque dans les plus petites réalités, le devenir, dont les sciences sociales partielles ne peuvent que nous indiquer, comme dit Wagner, les tendances.

Mais d'une part, en supposant ces sciences sociales achevées, il est probable qu'elles n'arriveraient pas à redescendre jusqu'à cette réalité dont elles se seraient abstraites, elles devraient toujours finir dans les idées, τελευτᾶν εἰς εἴη. D'autre part, il y a peut-être une contradiction dans l'idée d'une science totale du devenir, qui devrait terminer et arrêter en quelque sorte l'infini. Enfin l'heure de cette synthèse grandiose serait, dans tous les cas, indéfiniment éloignée : jusque-là, le devoir scientifique resterait, en matière de sciences sociales, la spécialisation, c'est-à-dire l'abstraction.

Chaitre III

Chapitre IV

R. von Jhering
La philosophie du droit

La science du droit en Allemagne a accompli en ce siècle à peu près la même évolution que l'économie politique. Elle est, comme celle-ci, entrée dans l'historisme et, comme elle, veut le dépasser pour prendre la forme d'une véritable science. — R. von Jhering [1], peut-être plus systématique encore que Wagner, nous indiquera le sens de ses efforts.

I

La plupart des ouvrages, d'ailleurs énormes, de Jhering restent inachevés. Cela même est un indice de sa vocation philosophique. Il ne pouvait entrer dans un sujet sans l'élargir aussitôt. Derrière les problèmes particuliers, historiques et juridiques, il apercevait vite les problèmes généraux, philosophiques, et quittait bientôt les premiers pour les seconds, ne s'arrêtant qu'au dernier pourquoi.

C'était, dit-il, comme des sphinx qui lui barraient la route [2] ; il ne pouvait, avant d'avoir résolu leur énigme, reconquérir la paix scientifique, trop facilement achetée par l'érudition.

C'est en écrivant l'Esprit du Droit romain qu'il rencontra cette idée de la Fin qui fut depuis, comme il le déclare dans son dernier ouvrage, son étoile directrice [3]. Avant d'expliquer, non plus seulement l'histoire du Droit romain, mais le système général des

---

1 *Geist des römischen Rechts,* 5ᵉ édit., 1891. *Der Zweck im Recht,* 1ᵉʳ vol. ; 3ᵉ édit., 1893, 2ᵉ vol., 2ᵉ édit., 1886. *Vorgeschichte der Indo-Europäer,* 1894. *Entwickelungs-geschichte des römischen Rechts,* 1894.
On consultera avec profit, outre les ouvrages classiques de Stahl et d'Ahrens, ceux de Daim *(Vernunft im Recht,* 1879), de Tönnies *(Gemeinschaft und Gesellschaft,* 1887), de Bergbohm *(Jurisprudenz und Rechtsphilosophie,* 1892), enfin *l'Histoire de la Science du Droit en Allemagne,* 1880, par R. Stintzing.
2 *Zweck im Recht* : I. *Vorrede.*
3 *Vorgeschichte der Indo Europäer,* p. 379.

Célestin Bouglé

phénomènes juridiques à la lumière de cette notion, il voulut l'analyser. Les analyses de ses prédécesseurs ne le satisfaisaient pas. De fait, depuis Kant, les esprits métaphysiques avaient inconsidérément usé de la finalité, les esprits scientifiques, par réaction, s'en étaient inconsidérément privés. Il fallait tracer le cercle au sein duquel elle garde une valeur objective.

Ce cercle est, suivant Jhering, aussi large que celui de l'activité psychologique. « Pas d'action sans but », tel est le principe de finalité, aussi universel dans le monde psychologique que l'est dans le monde physique le principe de causalité : « Pas de fait sans cause. » Le mouvement d'une éponge qui s'imbibe d'eau est déterminé par une cause ; mais le mouvement d'un animal qui boit est suscité et comme appelé par une fin. Le chien boit pour satisfaire sa soif ; il s'abstient de boire pour éviter les coups de son maître. Des actions les plus simples aux plus compliquées, la vie consiste ainsi à adapter, aux besoins intérieurs, le monde extérieur. Agir, et agir en vue d'une fin, c'est tout un [1].

Mais, dira-t-on, l'expérience ne nous affirme-t-elle pas l'existence d'un grand nombre d'actions sans but ? Ce n'est qu'une apparence. Qu'il s'agisse d'actions communes, ou au contraire d'actions extraordinaires et déraisonnables, ou d'actions habituelles, ou même d'actions forcées, tous les *quia* peuvent être transformés en *ut*. Si, la plupart du temps, nous n'exprimons pas le but des actions communes, répétées par la vie de tous les jours, c'est qu'il est trop évident. Si, au contraire, nous déclarons qu'une action déraisonnable est sans but, c'est simplement que son but nous déroute et nous paraît incompréhensible. Pour l'action habituelle, si sa répétition a comme enfoncé dans l'inconscient l'idée de la fin, c'est du moins une fin, plus ou moins clairement conçue, qui l'a fait naître. Enfin, dans l'action forcée, c'est encore à la finalité que nous obéissons. En effet, à moins que celui qui nous donne un ordre ne nous contraigne matériellement, et, par exemple, ne nous arrache notre bourse des mains, auquel cas l'action est sienne, et non plus nôtre, nous agissons toujours, même dans les cas dits de force majeure, en vue d'une fin. *Coacti tamen volunt,* disaient avec finesse les juristes romains. On donne la bourse pour sauver la vie.

On comprend dès lors la nature et la mesure de l'influence que

---

1 *Zweck im Recht,* I, p. 3-33.

les circonstances extérieures peuvent exercer sur les actions humaines. Jhering est prêt à accorder au milieu, à la constitution géographique du sol, par exemple, la plus grande influence sur l'histoire. Mais, ayant défini la nature de notre activité, il tient que ces causes n'agiront jamais directement, mécaniquement sur elle. Il faut, pour qu'elles provoquent un mouvement de notre part, qu'elles traversent notre âme et s'y transforment en motifs. La causalité ne peut agir sur notre volonté qu'en prenant la forme de la finalité [1]. Le monde extérieur ne sera jamais que la cause occasionnelle de nos actions. Le vrai moteur du monde social reste le désir.

Que poursuit-il donc, à travers les différentes formes que les circonstances lui imposent, véritable Protée de l'histoire ? Quelles que soient nos actions, on peut dire que nous désirons toujours, non pas l'action en elle-même, mais l'effet qu'elle doit produire sur nous : sans doute, cet effet n'est pas toujours-consécutif à l'action, comme dans, le cas d'un voyage d'affaires, il en est souvent contemporain, comme dans le cas d'un voyage d'agrément ; mais, alors même que nous aimons, comme dit Lessing, l'effort plus que la possession, ou, comme dit le vulgaire, la chasse plus que le lièvre, notre but n'est pas dans l'action, il est dans le plaisir qu'elle nous procure. Ainsi il ne faut pas dire que le but essentiel et primitif des êtres soit, à proprement parler, de persévérer dans leur être ; de même que, quand il se reproduit, l'animal ne songe pas à la conservation de son espèce, de même, quand il se nourrit, il ne songe pas à sa propre conservation, mais seulement à sa propre satisfaction [2].

Sans doute, en cherchant l'une, il trouve l'autre. La conservation de l'espèce ou de l'individu est, si l'on veut, le but de la nature, et l'on peut admirer l'adresse avec laquelle elle distribue aux individus l'appât du plaisir ou la crainte de la douleur pour en arriver à ses fins, faisant coïncider, dans un même acte, la satisfaction de leurs désirs particuliers avec la réalisation de son but général. Mais ce but, atteint tantôt avec et tantôt sans la conscience des individus qui le réalisent, ne doit pas être confondu avec le désir qui les pousse ; on peut appeler le premier *fin objective* et le second *fin subjective* [3], distinction capitale pour l'intelligence de toute vie so-

---

1 *Zweck*, I, p. 24.
2 *Zweck*, I, p. 28.
3 *Zweck*, I, 37 ; II, 98.

Célestin Bouglé

ciale. Une même fin objective peut être réalisée par des individus qui obéissent à des fins subjectives très différentes. Par exemple, la construction d'un chemin de fer peut être exécutée par une société d'actionnaires dont les uns poursuivent des fins financières, les autres des fins politiques, sans qu'aucun d'eux, peut-être, désire pour elle-même la construction en question. À vrai dire, si l'on y regarde de près, il semble que Jhering réduise les fins dites objectives à être ou bien des résultats, atteints sans être poursuivis, ou bien des moyens, poursuivis en vue de la fin subjective, qui est toujours le plaisir. Dans la finalité, dit-il, le mouvement de la volonté part de l'être pour revenir à l'être [1]. Agir en vue d'une fin, c'est donc, en principe, agir pour soi. Ainsi Jhering déduit l'égoïsme, au sens large du mot, de l'idée même de finalité.

L'homme ne diffère pas de l'animal par la nature, mais par l'extension de son égoïsme. Plus prévoyant, il « s'affirmera » non pas seulement physiquement, mais économiquement et juridiquement. Il jugera que sans capital la jouissance de la vie est incertaine, que, sans droit, est incertaine la jouissance de la vie et colle du capital. Ainsi le désir juridique et le désir économique sont comme les développements naturels du désir primitif de jouir de la vie [2].

Mais, si ce désir est essentiel, toute action morale n'est-elle pas inexplicable ? Le désintéressement reste un mystère. Sans doute il n'y a pas d'action purement désintéressée, au sens absolu du mot. Une action sans intérêt est une impossibilité psychologique. On ne veut pas pour vouloir, et Kant essaie vainement de tirer, des lois de la volonté, un motif d'action. Le désintéressé a pour but l'intérêt des autres, de sa famille, de sa patrie, de l'humanité même, et dans la recherche de leur intérêt il place son plaisir. On pourrait donc soutenir qu'un certain égoïsme, ici même, se glisse. Mais il faut reconnaître que, entre les avantages que l'action désintéressée rapporte à l'égoïsme et les sacrifices qu'elle lui demande, la disproportion est souvent éclatante, si bien que, entre le désintéressement et l'égoïsme proprement dit, il n'y a plus de commune mesure. L'égoïste devra juger que, si le désintéressé fait un calcul, ce calcul est absurde : l'homme qui cherche son plaisir en se dévouant est comme celui qui, pour se chauffer quelques secondes,

1 *Zweck, l*, 31.
2 *Zweck*, 1, *Zweck*, I, 46-60.62-77.

Chapitre IV

brûlerait tous ses billets de banque [1]. Force est donc de reconnaître, à côté de l'égoïsme, l'existence d'un autre facteur du monde social, ou du moins si, comme Jhering le laisse prévoir, le dévouement est encore un produit de l'égoïsme, il faudra expliquer à la suite de quelles luttes et de quels accords celui-ci a pu se transformer en son contraire. Ce problème rentre dans le problème plus général : Comment, si l'égoïsme est essentiel, la société est-elle possible ? Comment, les buts subjectifs étant par définition égoïstes, la réalisation de buts objectifs, sociaux, s'explique-t-elle ? L'homme n'est isolé que par abstraction : de fait, il vit toujours par et pour une société. Tout l'univers est là pour chacun, et réciproquement, chacun pour tout l'univers [2]. Le développement des sciences sociales rend chaque jour plus saillants les liens qui réunissent les individus ; comment comprendre cette solidarité ?

Quatre forces concourent à la produire. La mécanique sociale a quatre leviers. Deux reposent sur l'égoïsme, la rétribution et la coercition ; deux reposent sur la moralité, le devoir et l'amour.

Le phénomène de la rétribution [3] introduit déjà un ordre social dans le monde des égoïsmes. L'individu ne se suffit pas à lui-même, ne crée pas de ses propres mains tout ce dont il a besoin : il entrera donc en relation avec son semblable. Tantôt ils échangeront l'un avec l'autre ce qui leur est inutile contre ce qui leur est utile, tantôt ils rechercheront ensemble ce qui leur est utile à tous les deux. Ainsi se constituent, d'une part le commerce, d'autre part l'association.

Par le commerce les égoïsmes s'équilibrent. Les intérêts sont différents, opposés même, mais c'est de leur opposition, pourrait-on dire, que naît leur coïncidence. C'est parce que Pierre a besoin d'un champ tandis que Paul a besoin d'un cheval que se produit l'échange. La coïncidence des intérêts manifestée par l'échange peut être d'ailleurs réelle ou imaginée, et souvent l'éloquence d'un des

---

1 *Zweck*, I, 77-93.

2 *Zweck*, I, 93-234. Nous choisissons à dessein pour traduire le mot *Lohn*, qui d'ailleurs paraît mal choisi (cf. Tönnies, *Gemeinschaft und Gesellschaft*, p. 217), le mot vague de rétribution ; car à l'aide du mot *Lohn*, Jhering veut désigner non pas seulement le salaire proprement dit, mais le gain, les honoraires, les appointements. [La version française du livre est disponible dans Les Classiques des sciences sociales sous le titre "Communauté et société". JMT.]

3

Célestin Bouglé

échangeurs entraînera l'autre à imaginer une coïncidence qui n'est pas réelle. Mais le commerce idéal, par lequel les deux égoïsmes en jeu sont également satisfaits, est celui qui établit l'équivalence entre les valeurs des choses échangées. L'égoïsme se charge d'ailleurs lui-même, le plus souvent, d'amener le commerce à cet état idéal. D'une part la concurrence des égoïsmes force le marchand à vendre au plus juste prix ; d'autre part, son propre calcul lui apprend que, s'il exploite ses clients, il les perdra.

Ainsi le commerce repose essentiellement sur l'égoïsme ; et cela même est heureux. Un commerce fondé sur la bienveillance serait intolérable. Il détruirait notre liberté économique et même morale en nous mettant à la merci des caprices et des préférences individuelles. Devant le commerçant égoïste, au contraire, tous les hommes sont égaux. En ce sens on peut dire que l'argent est le grand apôtre de l'égalité [1]. Par le seul jeu des égoïsmes, le commerce réalise une certaine indépendance des personnes, une certaine équivalence des choses, une certaine justice.

Pour comprendre l'extension de cette première justice, il faut étendre la notion même du commerce. On peut vendre non pas seulement des choses, mais du travail. Et, de même qu'il n'est pas toujours juste de ne vouloir payer, dans un achat, que la valeur réelle de l'objet acheté, sans payer, par exemple, une part des frais généraux du marchand, de même il ne serait pas juste de ne vouloir payer que le temps précis du travail vendu, sans payer au travailleur, comme au médecin par exemple, son temps d'études, ou même, comme au commissionnaire, son temps d'attente forcée. La notion d'équivalence est donc plus large qu'elle ne parait au premier abord, et le système de la rétribution, fondé sur l'égoïsme, nous explique non seulement l'organisation du commerce proprement dit, mais encore celle du travail.

À vrai dire, n'y a-t-il pas des cas où cette loi d'équivalence trouve difficilement son application ? Quand il s'agit d'un travail intellectuel, on ne peut, mesurer ni l'effort qu'il a coulé, ni le résultat qu'il a produit ; il semble impossible par suite d'en donner une rétribution équivalente. Aussi, dans les cas de ce genre, à la rétribution matérielle, précise, évaluée en argent vient s'ajouter, quand elle ne la remplace pas tout à fait, la rétribution idéale, faite d'honneur et

1 *Zweck*, I, 229.

de considération. Même dans les temps modernes, où le travailleur intellectuel est obligé de gagner sa vie comme les autres, on a le sentiment qu'on ne peut mesurer, et, par suite, payer avec précision les services d'un avocat, d'un ingénieur ; on ne dit pas qu'ils ont un gain, un « salaire », mais des « honoraires », des « appointements ». Mais, si différents que soient ces phénomènes des phénomènes de rétribution commerciale proprement dite, nous y trouvons encore une coïncidence d'intérêts fondée sur une diversité d'intérêts, un échange d'un certain travail, matériel ou intellectuel, contre une certaine rétribution, matérielle ou idéale ; nous pouvons par suite les faire rentrer sous la catégorie générale du commerce.

Tout autres sont les phénomènes d'association. Ici les intérêts sont par définition identiques. Cette identité des fins peut d'ailleurs s'accorder soit avec l'identité des moyens, comme dans le cas où tous les sociétaires font le même travail, soit avec la diversité des moyens, comme dans le cas où le travail est divisé entre ses sociétaires et différencié. Mais, quelles que soient ses différentes organisations, l'essence de l'association, au point de vue de la fin, se distingue nettement de celle du commerce. L'association ne nous fait pas encore sortir de l'égoïsme ; mais tandis que par le commerce, l'égoïsme cherchait son intérêt aux frais de l'intérêt d'autrui, il cherche, par l'association, son intérêt dans l'intérêt d'autrui. L'intérêt de mon associé et le mien ne font plus qu'un ; ce qui est avantageux à l'un, l'est du même coup à l'autre. En ce sens, l'association établit entre l'égoïsme et le désintéressement une sorte de transition. Si elle n'élève pas encore le tien aux dépens du mien, elle n'élève plus le mien aux dépens du tien ; elle fond pour ainsi dire le tien et le mien dans un profit commun, contribuant ainsi, plus encore que le commerce, à la constitution d'un ordre social.

Mais il s'en faut qu'une pareille harmonie se réalise toujours, partout, et d'elle-même. Souvent, pour maintenir cette coïncidence des fins subjectives nécessaire à la vie sociale, il faut, non seulement l'attrait du gain, mais la crainte du châtiment : à la rétribution s'ajoute ainsi la coercition [1].

Le mécanisme de la coercition, comme celui de la rétribution, s'explique par la finalité. Tant qu'elle n'est pas proprement physique, la coercition effectue l'accord des fins individuelles en subs-

1 *Zweck*, I, 234-420.

Célestin Bouglé

tituant à une fin subjective une autre fin subjective, par exemple au désir de prendre l'argent du voisin la crainte d'aller en prison. Opérer, partout où elle est nécessaire, cette substitution de fins, tel est l'objet du droit : le droit devra donc organiser la contrainte et, par suite, avoir pour lui la force. Sans elle il n'agirait pas sur les fins individuelles ; pour qu'il soit respecté, il faut qu'il puisse se réaliser : un droit sans force est un fantôme. Aussi a-t-on raison contre les théoriciens du *Naturrecht* de dire qu'il n'y a un Droit, à proprement parler, que dans un État qui le réalise. Cependant il ne faut pas aller jusqu'à déclarer, avec Hegel, que la période antérieure à l'existence de l'État est indifférente à l'histoire du droit. Il faut, au contraire, essayer de comprendre par quelle dialectique téléologique a pu sortir, du conflit des égoïsmes, le Droit complet, formulé par des lois, garanti par un État, et obligeant non pas seulement des individus, mais l'État lui-même.

Comment se représenter cette genèse ? Ce serait une faute de méthode que d'attribuer la création du système juridique à la puissance de l'idée ou du sentiment du droit. L'idée ou le sentiment du droit ne sont pas des dons innés, mais des produits historiques, à la formation desquels le droit positif, lui-même, a collaboré ; ils lui sont postérieurs, et non antérieurs. Nous ne devons poser, comme antérieur à la constitution d'un ordre juridique, qu'un seul principe, l'égoïsme, ou plutôt, les égoïsmes. Comment les égoïsmes arrivent-ils à donner à l'ordre juridique la force nécessaire à sa vie ? On peut se représenter cette « déduction » de deux façons. Le droit aura pour lui la force tantôt de tous les individus également forts qui composent la société, tantôt de l'individu ou des individus plus forts que les autres qui la dominent. Il sera garanti, pourrait-on dire, tantôt par la force de la majorité, tantôt par celle de la minorité.

Dans le premier cas, la société se réglemente pour ainsi dire elle-même. L'individu lésé trouve des alliés qui, unissant leur force à la sienne, font pencher la balance du droit. Les coutumes juridiques de la Rome primitive, le rôle des témoins, de l'assemblée du peuple offrent une illustration de cette théorie [1]. On dira peut-être : celui qui lèse le droit d'un autre peut, lui aussi, trouver des alliés ; la théorie n'explique pas, par suite, comment la force tombe néces-

---

1 *Zweck*, I, 209. *Geist des römischen Redits*, I, 118-176.

Chapitre IV

sairement du côté droit. On répondra en montrant que l'intérêt du plus grand nombre est évidemment attaché au respect de certaines règles, à l'observation des contrats, par exemple, sans laquelle toute vie sociale serait impossible, que par suite il est difficile de supposer qu'un individu dont l'intérêt particulier est de violer, à un certain moment, ces règles, puisse mettre de son côté, comme on dit, la majorité des autres. Plus la société sera nombreuse, et mieux, par suite, le droit sera garanti ; les égoïsmes réunis des bons citoyens triompheront plus facilement de l'égoïsme du criminel.

Mais on peut supposer des cas où une minorité, une unité même accapare la force sociale. Comment expliquer, ici, que la force vienne soutenir le droit ? C'est là un phénomène historique très fréquent, et, au point de vue de la finalité, facilement explicable. Leur propre intérêt, bien entendu, conduit ceux qui détiennent la force à faire aux autres des concessions : le Droit apparaît ici comme la politique de la force [1]. Du jour où elle s'aperçoit que, au lieu de massacrer tous ses prisonniers de guerre, elle a intérêt à en faire des esclaves, au lieu d'emmener tous les habitants d'un pays en esclavage, elle a intérêt à leur demander un tribut, de ce jour la force se domine elle-même ; substituant à la passion le calcul, elle remplace la lutte perpétuelle par un *modus vivendi,* par une paix tout à son avantage, et ouvre ainsi, par la seule vertu de son égoïsme, le chemin du droit. On comprend dès lors comment, peu à peu, se dominant de plus en plus, elle en arrivera à constituer et à garantir des lois qui l'enchaînent elle-même [2]. En effet, supposons que les normes édictées par la force restent, comme elles l'étaient à l'origine, tout individuelles, ce qui veut dire, non pas qu'elles obligent un seul individu, mais qu'elles s'appliquent à un cas particulier, qu'elles sont créées en vue de telle ou telle circonstance sociale. La circonstance disparue, et remplacée par d'autres, la force devra créer de nouvelles lois : elle sera, dans cette phase, en mouvement perpétuel. Aussi substituera-t-elle bientôt, à ces normes particulières, des normes abstraites, valables pour un certain nombre de cas. Ces lois ne seront encore qu'unilatérales. Elles lieront les sujets, non l'État. Avec de telles lois une certaine égalité est compatible, mais elles sont toujours dans la dépendance de la

---

1 *Zweck,* I, 249.
2 *Zweck,* I, 346-435.

Célestin Bouglé

volonté des gouvernants, elles ne donnent pas à la vie sociale cette sécurité qui est l'œuvre de la justice parfaite. Pour que l'État réalise pleinement le but du Droit, il faut qu'il écarte cette perpétuelle insécurité et donne au droit une vie propre en l'installant, pour ainsi dire, au-dessus de lui-même aussi bien qu'au-dessus des citoyens. La loi devient alors bilatérale. L'État se reconnaîtra, obligé par elle. Il donnera des garanties de sa dépendance vis-à-vis de la loi ; telles seront l'indépendance du pouvoir judiciaire, l'inamovibilité des juges, la constitution du jury. Mais il faut remarquer que cette dépendance même a des limites. Pour l'État comme pour les individus il y a des cas de force majeure : quand la vie sociale est en jeu, la force peut briser le droit qu'elle a constitué. En vain les spéculatifs s'écrient : « *Fiat justitia, pereat mundus !* » En réalité, s'il fallait absolument choisir, tous les peuples diraient plutôt : « *Pereat justitia, vivat mundus !* » [1].

Cela même nous renseigne sur le but que poursuit l'égoïsme en construisant le droit, sur la fin du droit. Nous nous rendons compte que le droit n'est pas une fin en soi, mais seulement un moyen en vue d'une fin, qui est la vie même de la société. Ou encore, ce n'est pas une fin particulière parmi les fins que les hommes recherchent, mais une fin générale, condition de la recherche des autres. Assurer les conditions de la vie sociale, tel est son rôle [2]. Ce rôle explique ses métamorphoses. Si le critérium de la valeur du droit était théorique et non pratique, si l'idéal du droit était la vérité, et non l'utilité, on ne pourrait justifier ces sortes de palinodies de l'histoire grâce auxquelles une prescription juridique se trouve remplacée, au cours des siècles, par une prescription contraire également valable. Il ne faut pas oublier que, dans le droit, c'est moins l'intelligence que la volonté qui est en jeu, et que la volonté se détermine par l'intérêt. L'intérêt social sera donc la mesure du droit. On comprend, dès lors, à la fois les analogies et les différences des Droits que se donnent les différents peuples. On se rend compte que les formules juridiques non seulement peuvent, mais doivent changer avec les circonstances. Par exemple, parmi les conditions générales de l'existence des sociétés, il en est de tellement naturelles, que les égoïsmes laissés à eux-mêmes suffisent à les remplir,

---

1 *Zweck*, I, 425.
2 *Zweck*, I, 433-466.

et que la société n'a pas besoin d'en prescrire, par des lois, le maintien ; au nombre de ces conditions sont la conservation des individus, leur reproduction, le travail même et le commerce. Pourtant il est des cas où, à la suite de certaines nécessités sociales, sous l'influence de la surpopulation, par exemple, ces ressorts primitifs de la vie sociale ont besoin d'être tendus ou au contraire détendus par l'intervention des lois. Sous la pression des circonstances, le droit élargit ses cadres ou même y fait rentrer des prescriptions opposées aux prescriptions antérieures. Avant la guerre de l'indépendance des Noirs en Amérique, le droit interdisait logiquement, c'est-à-dire, ici, conformément à l'intérêt social réel ou supposé, d'instruire les nègres ; peut-être rendra-t-il bientôt, avec la même logique, leur instruction obligatoire. En un mot, la relativité même du Droit est la meilleure preuve que son idéal est, non la vérité, mais l'utilité sociale.

Que l'utilité du Droit soit sociale, cela ne signifie pas d'ailleurs qu'il doive se mettre au service de quelque être abstrait, dont les intérêts seraient autres que ceux des individus. Il sert les intérêts de tous les individus dans ce qu'ils ont d'identique [1]. À vrai dire, cette identité est souvent cachée par le défaut d'intelligence ; elle est souvent troublée par la méchanceté de la volonté, qui cherche à profiter à la fois des avantages généraux résultant de l'observation du droit et de l'avantage particulier qu'elle trouve, en certains cas, à le transgresser. Ainsi s'explique que le droit, tout en n'étant que la politique des égoïsmes, doive s'imposer par la contrainte aux égoïsmes mêmes, La coercition ne se confond donc pas avec la rétribution, et reste, dans le monde social, indispensable.

Elle est, comme la rétribution, indispensable, mais, comme elle, insuffisante [2]. La vie sociale demande aux individus d'autres actions que celles qu'il est possible de payer ou de forcer. D'abord, pour que la rétribution produise ses effets sociaux, il faut que les individus puissent, d'une part la désirer, d'autre part l'offrir. Ce n'est pas toujours le cas, pour le riche, d'un côté, qui a trop, pour le pauvre, d'un autre côté, qui a trop peu. De plus, le travail même n'est pas bon, et ne donne pas tout ce qu'il pout donner, s'il est excité par le seul espoir de la rétribution. D'un autre côté, un homme

---

1 *Zweck*, I, 512-570.
2 *Zweck*, II, 1-9.

Célestin Bouglé

qui n'obéirait à la justice que par la crainte du châtiment ne serait pas souvent juste. Quand la loi ne le verrait pas, elle serait pour lui comme si elle n'existait pas. Tous les crimes qui échappent aux prises de la loi seraient possibles, bien plus, si l'égoïsme seul pousse les hommes, théoriquement inévitables.

Combler ces lacunes de l'égoïsme, telle est l'œuvre des forces morales. Comme le langage l'indique, elles paraissent être des négations des forces précédente. Pour connaître leur essence, il faut répondre à trois questions. D'où viennent-elles ? où vont-elles ? Pourquoi les suivons-nous ? En d'autres termes : quelle est leur origine ? Quelle est leur fin objective, le résultat qu'elles doivent atteindre ? Quelle est leur fin subjective, le motif en vertu duquel nous leur obéissons [1] ?

C'est dans la société qu'il faut chercher la réponse à ces trois questions. Elle est d'abord la source des notions morales. En dépit des théories nativistes, les notions morales ne nous tombent pas du ciel, comme des aérolithes, elles se sont formées peu à peu, comme par alluvions, au cours de l'histoire des sociétés. Les règles même les plus simples, qu'il ne faut pas tuer, voler, mentir, l'homme a dû les découvrir, peu à peu, par l'expérience, qui lui a montré que, sans elles, la société ne subsisterait pas. Ainsi tout le système du monde moral est un produit de l'histoire ou, pour parler avec plus de précision, l'œuvre de la finalité [2].

On le voit, la question de l'origine et celle de la fin de la morale se confonde ; si la société a engendré les règles morales, c'est qu'elles lui sont utiles. Elle en est la fin objective, ou, ce qui revient au même, le sujet téléologique. Le sujet des fins morales, celui pour qui elles existent, ne peut en effet être Dieu. Autrement la réalisation des fins de Dieu dépendrait de notre obéissance aux règles morales : Dieu dépendrait de nous. Ce sujet ne peut être non plus l'individu, puisque, par définition, les fins morales sont la négation des fins individuelles. D'ailleurs si la fin morale de l'individu était en lui-même, on ne comprendrait pas pourquoi la violation des règles morales nuit le plus souvent non à l'individu, mais à la société, pourquoi leur détermination est fonction, non des nécessités individuelles, mais des nécessités sociales. Il reste donc que ce sujet

---

1 *Zweck*, II, 98.
2 *Zweck*, II, 110-120.

soit la société.

On peut d'ailleurs le prouver positivement de deux façons, par la déduction ou par l'induction [1]. — Par la déduction. La société est un tout. Un tout est autre chose que la somme de ses parties. C'est un système organisé en vue d'une fin. Or cet organisation suppose un ordre, une subordination des parties au tout. Pas de société sans ordre social, sans subordination des individus aux fins sociales, sans morale. Ainsi, vis-à-vis des individus, la société se pose comme un sujet qui, lui aussi, veut réaliser ses fins et dont l'égoïsme s'oppose à leurs égoïsmes. — L'induction apporte à ces raisonnements l'appui de tous les faits historiques. Elle nous montre qu'il n'y a pas de faits moraux qui ne soient, ou qu'on ne croie être socialement utiles, et réciproquement que les actes socialement utiles, quand du moins ils ne s'accomplissent pas tout seuls de par la nature, sont commandés par la morale. Nous ne sommes plus, dès lors, étonnés de voir l'idéal moral varier avec les peuples, pasteurs, agriculteurs, guerriers, avec les classes même ; nous serions plutôt légitimement étonnés du contraire.

Ce ne sont pas seulement les règles proprement morales, ce sont les mœurs, et jusqu'aux modes qui sont ainsi déterminées par les fins sociales. Et Jhering, pour rendre plus éclatante la puissance de la fin, prend à tâche de montrer que les plus petits usages, qui naissent, semble-t-il à première vue, du caprice et du hasard, obéissent, en réalité, dans leurs moindres détails, à quelque utilité. La mode dans son mouvement perpétuel n'échappe pas plus à cette loi que la coutume dans sa permanence relative. Dans toutes les obligations mondaines, règles de décence, de convenance, de politesse, Jhering retrouvera, avec une ingéniosité sans exemple, des prescriptions utiles, des mesures prophylactiques, toute une police de sûreté de la morale [2].

Entraîné plus loin qu'il ne l'avait pensé par le plaisir d'explorer ce champ tout nouveau, Jhering n'eut pas le temps de répondre expressément à la troisième des questions qu'il s'était adressées : « Quelle est la fin subjective des règles morales ? » mais, d'après quelques indications qu'il donne en posant le problème, il est permis de reconstituer sa réponse. Il critique vivement les morales

---

1 *Zweck*, 11, 134-230.
2 *Zweck*, II, 243-723.

Célestin Bouglé

qui, pour atteindre le but social, proposent à l'homme des plaisirs individuels tout différents de ce but, comme les mères qui, pour obtenir de leurs enfants qu'ils prennent un remède, leur proposent du sucre [*Zuckertheorien* [1]]. La vraie morale, dit-il, doit élever les fins subjectives à la hauteur des fins objectives ; l'homme moral ne doit pas chercher d'autre motif d'action que le désir de remplir son rôle social ; il doit agir, en somme, non pour lui-même, mais pour la société. Sans doute cette force morale est encore née historiquement de l'égoïsme, et Jhering se promettait de montrer à la suite de quelles transformations l'égoïsme, dans les mains de l'histoire, se change en altruisme, comme le verjus, dans les mains de la nature, se change en raisin doux [2]. Il n'en est pas moins vrai que ces deux forces, au point d'arrivée, demandent à être radicalement distinguées. C'est de leur opposition que naît, dans l'âme, le sentiment du devoir. À vrai dire, Jhering laisse entrevoir un sentiment supérieur à celui-là même : dans l'amour, qui serait la poésie de la morale comme le devoir en est la prose, le tien et le mien ne pourraient plus être distingués, les deux termes opposés, égoïsme et altruisme, ne feraient plus qu'un. Ainsi la dialectique téléologique, ayant parcouru les différents cercles de la vie sociale, se serait achevée en une synthèse, qui aurait réconcilié les forces opposées par la thèse et l'antithèse.

Les derniers livres de Jhering nous montrent que, s'il en avait eu le temps, il eût élargi encore le cercle des applications de la finalité, que par elle il eût essayé d'expliquer la genèse, non pas seulement des idées juridiques et morales, mais encore des idées religieuses et même des idées scientifiques.

Sa méthode apparaît clairement dans les quelques problèmes d'origines qu'il traite, à propos de l'histoire primitive des Indo-Européens. Il se plaint qu'on prenne les effets pour des causes et qu'on attribue à la puissance des idées la création d'institutions qui sont nées des besoins pratiques de l'égoïsme [3]. C'est ainsi qu'il reprochera à Fustel de Coulanges [4] d'essayer d'expliquer par l'histoire d'une croyance toutes les institutions de la cité antique, à Renan [5]

1 *Zweck*, II, 149.
2 *Vorgeschichte der Indo-Europäer*, p. 60.
3 *Vorgeschichte*, 51.
4 *Vorgeschichte*, 63-73.
5 *Vorgeschichte*, 288-305.

d'essayer d'expliquer, par le développement de l'idée monothéiste, toute l'histoire du peuple juif. Les croyances ne sont pas des faits premiers, elles demandent à être expliquées ; les mêmes tendances qui expliquent tous les faits sociaux les expliqueront. Les tendances religieuses nous paraissent au premier abord assez différentes des tendances égoïstes ; elles en sont pourtant le fruit naturel. L'Aryen qui offre des sacrifices aux mânes de ses pères obéit à la crainte, et est utilitaire. Les actes religieux paraissent assez différents des actes utiles. Mais, outre qu'il suffit, pour les justifier du point de vue utilitaire, que leur utilité soit imaginée, on peut, la plupart du temps, y reconnaître des habitudes engendrées par des actes anciennement utiles [1]. On expliquerait de la sorte l'origine des rites les plus bizarres, et par exemple celle du système augural des Romains. Tout ce système est un souvenir de la période d'émigration pendant laquelle les ancêtres des Romains allaient de l'Orient vers l'Occident. Pendant cette période, il était utile aux conducteurs des émigrants, pour savoir s'ils devaient arrêter leur armée ou continuer leur marche, de contempler l'état du ciel du côté de l'Occident, de consulter le vol des oiseaux, les vestiges des quadrupèdes, de scruter les entrailles des bœufs [2]. Ainsi les nécessités pratiques sont mères des formes comme des idées religieuses.

Les mêmes nécessités ont sur l'histoire des sciences la plus grande influence. Si les Babyloniens ont fait beaucoup pour le progrès des mathématiques et de l'astronomie, leurs découvertes sont dues, non pas tant aux spéculations théoriques de la pure science, qu'aux exigences pratiques de l'architecture et de la nautique [3]. Les idées scientifiques apparaissent sous la pression des besoins. C'est la fin qui fait naître les sciences comme elle fait naître les religions. D'une façon plus générale, les inventions se produisent au moment et à l'endroit où, d'une part, les besoins humains sont les plus exigeants, où, d'autre part, les conditions naturelles sont les plus fa-

---

1 *Vorgeschichte*, 413.
2 *Vorgeschichte*, 439-459.
3 *Vorgeschichte*, p. 141-179-223. On trouvera, dans la nouvelle édition de *l'Histoire ancienne des peuples de l'Orient classique*, de Maspero, des explications analogues. C'est ainsi qu'il explique le développement de la géométrie chez les Égyptiens par l'obligation où le Nil les mettait, en modifiant et en effaçant, dans ses crues, les bornes naturelles des champs, d'arpenter avec précision. I, 328.

Célestin Bouglé

vorables [1]. À l'aide de cette double détermination la finalité peut, suivant Jhering, expliquer tous les phénomènes sociaux, et « nécessiter » l'histoire.

II

Quelle est la valeur scientifique de cette philosophie sociale ? Et d'abord quel est son sens historique ? Quelles tendances des sciences sociales exprime-t-elle ? Quels sont, en Allemagne, les courants d'idées qu'elle a suivis, ceux qu'elle a remontés ?

Quand Jhering entra dans les études juridiques, l'école historique avait déjà triomphé de l'ancienne philosophie du droit, et imposait sa méthode. C'est à elle que Jhering devra naturellement le plus, mais c'est contre elle aussi qu'il prendra position ; c'est en signalant ses excès ou ses défauts qu'il spécifiera sa propre doctrine.

Il fera tout d'abord cause commune avec l'école de Hugo et de Savigny contre l'école de Rousseau et contre celle de Hegel, contre le *Naturrecht* et contre le *Staatsrecht*. Il reconnaît, dans l'individualisme, le péché originel de la philosophie du droit naturel. Elle oublie que de nos jours comme autrefois l'intérêt social est la mesure de tous les droits et des droits privés eux-mêmes [2]. Contre cet individualisme, l'étatisme a raison de prouver que l'existence d'une force publique est nécessaire à l'existence du droit. Mais la genèse de cette force elle-même demande à être étudiée [3]. Quand Hegel regarde comme des quantités négligeables, indifférentes à l'idée, les phénomènes sociaux antérieurs à l'existence de l'État, qu'il divinise, il prouve, par son mépris de l'histoire, l'insuffisance de sa dialectique [4]. À vrai dire, quelque forme qu'elles prennent, ces philosophies du droit substituent toujours, aux faits, des idées à priori, qu'elles supposent manifestées soit dans les individualités, soit dans l'État. De ces constructions également arbitraires, il faut revenir à l'observation des faits et reprendre pied dans la réalité historique.

Mais si Jhering reconnaît, la nécessité de l'historisme, il est le

1 *Vorgeschichte*, 106, 186.
2 *Zweck*, I, 237, 523, 532.
3 *Geist des römischen Rechts*, I, 225.
4 *Zweck*, I, 258.

premier à en signaler les dangers [1]. Il veut qu'on reprenne pied dans l'histoire mais non qu'on s'y enfonce et qu'on y demeure enlisé. Il sent, comme Wagner, que l'historisme entretient souvent, au milieu même de l'érudition, une certaine paresse d'esprit, un quiétisme qui désintéresse les hommes, non pas seulement des réformes pratiques, mais des efforts théoriques destinés à ramener à l'unité la multiplicité des phénomènes sociaux. On décrit, on n'explique plus ; on a peur des idées, on s'enferme dans les faits. Jhering proteste contre ces excès de la réaction que Gans nommait déjà l'anti-philosophisme. Il se plaint qu'on assimile le savoir juridique, la connaissance des faits avec la science du droit. Il raille le positivisme de ces savants, véritables disciples de saint Thomas, qui ne veulent croire que ce qu'ils peuvent voir et toucher, prétendant borner l'étude du droit à la connaissance des droits positifs dûment formulés [2]. Ils oublient ainsi, non pas seulement le droit idéal, mais surtout la majeure partie des droits positifs, dont une minorité seulement a pu être exprimée : pour formuler un droit, une grande puissance d'observation et d'expression est en effet nécessaire, qui n'a pu être que tardivement acquise. Ainsi les formules du droit positif doivent être les poteaux indicateurs, non les bornes de la recherche du juriste. Il faut qu'il retrouve, sous les formules, les tendances, sous la lettre l'esprit du droit. La méthode dite chronologique aussi bien que la méthode dite synchronistique ne saisissent que les coïncidences extérieures des phénomènes juridiques ; il faut en faire saillir la « connexion philosophique » [3]. En un mot, pour connaître le droit, il faut le connaître par les causes, et si ces causes ne sont pas tangibles, visibles dans les codes, si elles sont cachées dans les âmes, il faut savoir entrer dans les âmes ; si les causes ne sont pas offertes à la pure observation, mais promises aux théories, il faut savoir faire des théories. En ce sens on pourra dire que toute science du droit est subjective. Mais, dit Jhering dans une phrase qui semble être le contre-pied de la fameuse devise de Ranke, réclamer partout, en histoire, l'objectivité absolue, n'est-ce pas méconnaître la nature de la connaissance humaine [4] ? Qui veut, en matière de science sociale, ne retenir que l'objectif,

1 *Geist*, I, 58-80. *Entwickelungsgeschichte des römischen Rechts. Einleitung.*
2 *Geist*, I, 47.
3 *Entwickelungsgeschichte*, 6. *Geist*, I, 43.
4 *Entwickelungsgeschichte*, 1.

Célestin Bouglé

pourra décrire, à la rigueur, mais n'expliquera pas. Or, pour intro-
duire un ordre dans la masse confuse des phénomènes juridiques,
un principe d'explication est nécessaire ; la véritable science du
droit est à ce prix. On pourrait donc dire que, suivant Jhering, ce
terme ambigu de science du droit, qui sert à désigner des choses
si différentes, le savoir historique aussi bien que l'habileté technique [1], devrait être réservé à la désignation de ce qu'on nomme,
souvent, philosophie du droit. Si toute science doit être, ou tendre
à être explicative, il n'y a pas de science du droit sans une recherche
des causes, ou, ce qui revient au même, des fins des phénomènes
juridiques, en un mot sans une philosophie sociale.

Quels principes d'explication l'école historique offrait-elle donc à
Jhering ? On croyait et on croit encore, parfois, expliquer les phénomènes juridiques en assimilant le droit à un organisme. Savigny,
en discutant le pouvoir de légiférer [2], en combattant le rationalisme
du XVIIIe siècle qui, comme il attribuait à la raison individuelle la
création du droit dans les temps primitifs, lui accordait le pouvoir
de la transformer, de la créer à nouveau de notre temps, en montrant enfin que le droit n'est pas une œuvre artificielle, qui résulte
d'un calcul, mais un produit naturel, qui sort du plus profond de
l'âme populaire et s'épanouit lentement comme une fleur, ouvrait
la porte au naturalisme. — Jhering en ressentit l'influence. Comme
Stahl, comme Post, il comparera le droit à un organisme, et se placera, pour le décrire, tantôt au point de vue anatomique, tantôt au
point de vue physiologique [3]. Mais il reconnaît vite que, si ces analogies sont commodes pour la description des faits juridiques, elles
n'en font pas avancer l'explication. Leur avantage est négatif. Sans
doute la métaphore naturaliste a le privilège de rendre sensible l'erreur de l'hypothèse individualiste, mais il faut comprendre qu'elle
nous présente un problème, et non une solution. Il ne suffit pas de
montrer que les droits n'ont pas été fabriqués, de toutes pièces, par
la réflexion individuelle ; il faut encore découvrir les forces réelles
dont ils sortent. La notion de l'organisme nous met-elle sur le chemin de cette découverte ? N'est-elle pas une notion confuse par
excellence que le naturaliste trouve au début, non au terme de son

---

1 Cf. *Die vergleichende Rechtswissenschaft*, par T. Meili, dans la *Zukunft* du 10
juin 1894.
2 Dans l'ouvrage intitulé : *Ueber den Beruf unserer Zeit zur Gesetzgebung*.
3 *Geist*, I, 48-58.

analyse, et qu'il essaie de résoudre en ses éléments ? Si elle veut, dit Jhering contre Stahl [1], se mettre à l'école des sciences naturelles, la science du droit, pas plus que la chimie organique, ne doit souffrir des organismes, elle doit les dissoudre. Ainsi Jhering ne s'arrête pas à l'idée d'organisme, il n'en retient que ce qui est principe d'explication, l'idée de finalité. À la lumière de cette idée, les phénomènes juridiques apparaîtront, non plus comme des fruits de la nature, mystérieux, inexplicables, mais comme des produits de l'art humain [2]. La philosophie paresseuse du naturalisme laissait croire qu'ils se faisaient pour ainsi dire tout seuls ; on pourra au contraire leur assigner des causes précises dans les tendances, soit de l'État, soit de l'individu. Jhering rendra de la sorte, dans sa philosophie du droit, une certaine place aux deux théories que le naturalisme écartait. L'histoire du droit prouve en effet que, bien souvent, des phénomènes dont on attribuait l'origine à quelque floraison spontanée de l'âme populaire sont dus à l'action de l'État ; seul, il pouvait, préoccupé, non pas sans doute de réaliser quelque idée, mais d'agir au mieux de son égoïsme, donner, à telle formule juridique, force de loi. Bien plus, si l'on remonte plus haut dans la recherche des causes, et qu'on poursuive le principe de cette force même de l'État, on le trouve dans les individus [3]. La finalité ne se réalise pas en quelque sorte d'elle-même, comme l'idée hégélienne ; le désir ne vit que dans les consciences, c'est-à-dire dans les consciences individuelles. Toute tendance pour Jhering part des individus et revient aux individus. L'histoire du droit romain est là pour prouver que la force primitivement créatrice du droit est le « principe subjectif », non pas sans doute la recherche réfléchie et calculée de la justice, mais le désir instinctif de vivre, l'égoïsme enfin. C'est du conflit et de l'accord des égoïsmes que résultent des lois qui sont vraiment alors des conventions [4], c'est le besoin d'assurer les conventions qui fait naître l'État lui-même. Ainsi Jhering, conduit par l'idée de finalité, en arrive, comme Wagner, Tönnies, Dietzel, Menger, à rendre à l'hypothèse individualiste, comme principe d'explication, une certaine valeur [5].

---

1 *Geist,* III, 40.
2 *Geist,* IV, 3, 300.
3 *Zweck,* I, 258.
4 *Geist,* I, 211, 216.
5 *Geist,* 1,224.

Célestin Bouglé

Ce n'est pas le seul avantage que Jhering reconnaisse à l'esprit du *Naturrecht*. Sur un autre point encore, il l'opposera à l'historisme : il jugera les tendances cosmopolites de l'un plus utiles à la science que les tendances nationalistes de l'autre. Et, sur ce point comme sur les autres, nous pouvons comparer l'attitude que prend Jhe-ring vis-à-vis des juristes à celle que prend Wagner vis-à-vis des économistes. A la théorie de Savigny, qui représente les Droits comme des émanations des âmes nationales, Jhering reprochera d'abord de mal s'accorder avec l'histoire elle-même. La conquête de l'Allemagne par le droit romain n'est-elle pas un fait historique ? Apparemment il ne sortait pas du plus profond de l'âme germaine. Venu du dehors, il l'a cependant pénétrée. Ce qui décide en effet les peuples à adopter un système juridique, ce n'est pas son caractère national, mais son caractère pratique [1]. L'utilité conduit les nations à s'emprunter des formules de droit aussi bien qu'à s'en créer pour elles-mêmes. Le nationalisme ne rend pas compte de la tendance à s'universaliser, que manifestent les droits, sous la pression de l'in-térêt social. En ce sens, le cosmopolitisme même du *Naturrecht* répondait, au moment où il est apparu, à une tendance réelle du droit [2]. À vrai dire, l'école historique se fait une fausse idée de la vie des nations si elle s'imagine qu'elles tirent tout d'elles-mêmes. Un évolutionnisme mal compris nous fait croire à tort que, d'un germe une fois posée à l'origine, tous les phénomènes sociaux doivent sortir par une sorte de développement solitaire, unilinéaire. L'his-toire nous prouve au contraire que les transformations attribuées à quelque spontanéité interne sont dues souvent à quelque cause ex-terne. Comme des individus, les nations se nourrissent d'emprunts faits au monde extérieur [3]. Les Droits ne sont pas des produits de la nature qui ne se laisse pas transplanter, mais des produits de l'art qu'on peut transporter ou imiter. Et si ce transfert est possible, c'est que, malgré les différences qui les séparent, il y a entre les Droits quelque chose de commun : leur rôle social. L'historisme, occupé de noter les diversités, a perdu de vue cette unité des systèmes ju-ridiques. Jhering, comme Post [4], veut la remettre en lumière, mais en se plaçant, d'emblée, par la téléologie, comme au cœur de tous

---

1 *Geist,* I, 8, 315 ; III, 8.
2 *Geist,* I, 11.
3 *Geist,* I, 8.
4 Cf. *Grundriss der ethnologischen Jürisprudenz,* 1895, 1, *Einleitung.*

ces systèmes, dans leur fin. D'ailleurs Jhering est loin de nier l'influence que peut exercer sur les phénomènes sociaux en général et juridiques en particulier le caractère national. Lui-même a
donné, dans son *Geist des römischen Redits,* un des plus illustres
exemples de *Völkerpsychologie* appliquée, prétendant déduire, des
traits généraux de leur caractère, le détail comme l'ensemble du
système juridique des Romains. Il semble même qu'il prenait, à
cette époque, le caractère national pour un principe d'explication
dernier, lui-même inexplicable. Les qualités des peuples lui paraissent être alors, comme celles des individus, des faits donnés,
bornes de la recherche [1]. Ses derniers livres prouvent qu'il dépassa
ce point de vue, et faisant encore une fois appela son idée maîtresse, l'idée de fin, tenta d'expliquer la formation des âmes nationales elles-mêmes. Le fameux *Volksgeist* [2] ne lui apparaît plus alors
comme une puissance innée, originelle, antérieure ou inférieure
aux phénomènes historiques : la vie du peuple fait son âme. Il n'est
pas une fois né, il devient, et son devenir est déterminé par les circonstances, permanentes ou passagères. Il faut, pour comprendre
le rapport du caractère d'un peuple avec son histoire, retourner la
formule scolastique et dire : *Esse sequitur operari.* Supposer que
des tendances spécifiques sont innées aux nations, c'est encore arrêter arbitrairement l'analyse. À vrai dire, il n'y a qu'une tendance
primitive, commune à tous les êtres, et c'est justement la tendance
à persévérer dans leur être. Mettez cette même tendance aux prises
avec des milieux différents, ici avec des montagnes arides, là avec
des plaines fertiles, et vous verrez se former peu à peu, sous la pression des circonstances, dans la lutte de la fin avec les moyens, une
individualité nationale. On eût, si l'on peut ainsi dire, changé de
berceaux les premiers Aryens et les premiers Sémites, fixé ceux-là
dans les plaines de l'Euphrate et ceux-ci sur les plateaux d'Asie, on
eût inévitablement obtenu de leur histoire, ici un peuple pasteur,
peu civilisé, indolent, là un peuple agriculteur, constructeur, actif [3]. Les Germains ne portaient pas en eux, comme un don du ciel,
une tendance spéciale aux émigrations : le désir de vivre commun
à toutes les races, la faim, mal satisfaite par le milieu, les a comme

---

1 *Geist,* III, 200.
2 *Vorgeschichte,* 95, 270, 291.
3 *Vorgeschichte,* 98, 109.

Célestin Bouglé

chassés devant elle [1]. Les différents caractères nationaux que présentent, aujourd'hui, les différents peuples de l'Europe, pourraient être, de la sorte, non plus seulement constatés ou décrits, mais expliqués. La téléologie dépasse la psychologie nationale.

D'une façon plus générale, Jhering, fort de sa téléologie, reproche aux hypothèses explicatives suscitées par l'école historique une sorte d'arrêt dans l'explication : elles prennent pour causes premières, irréductibles, des phénomènes qui ne sont eux-mêmes qu'effets et conséquences. C'est ainsi que Jhering blâmera l'historisme non pas seulement d'attribuer la création des différents droits aux seuls sentiments nationaux, mais, en général, de vouloir expliquer par la présence du sentiment du droit l'apparition des phénomènes juridiques. En effet ce sentiment n'est pas primitif, mais acquis, et il n'est pas juste de dire qu'il ait créé les droits : c'est plutôt la réciproque qui est vraie [2]. Sans doute, au moment où nous naissons, notre milieu social est tellement imprégné de droit que nous acquérons sans nous en douter et rien qu'en respirant, semble-t-il, le sentiment juridique. Nous sommes donc tout naturellement portés à croire qu'il sort de nous-mêmes. Mais la science de la médecine n'a-t-elle pas prouvé que beaucoup de troubles organiques que l'on croyait autrefois produits comme spontanément, par des causes tout internes, viennent en réalité du dehors ? La science du droit dissipera de même l'illusion nativiste, en découvrant les voies insensibles par lesquelles les notions du droit s'infiltrent, pour ainsi dire, en nous. Sans doute encore, de nos jours, le sentiment juridique crée des lois, sinon le sentiment juridique de la nation, du moins celui de quelques individus qui donnent comme le ton à la foule [3]. Mais c'est une erreur d'imaginer que le même rapport qui lie aujourd'hui le droit et le sentiment du droit a existé de tous temps : passer de l'actuel à l'éternel, du donné à l'inné est d'une philosophie paresseuse [4]. La nature est parcimonieuse : pas plus qu'elle n'a imprimé dans l'esprit des hommes, antérieurement à toute expérience, l'idée de la brouette ou de la machine à vapeur, elle ne lui a donné toute faite l'idée de la propriété ou de la justice. Elle ne lui a fait qu'un don, l'égoïsme : et c'est de ce

1 *Vorgeschichte,* 463.
2 *Zweck,* II. *Vorrede,* p. X. *Vorgeschichte,* 16.
3 *Entwickelungsgeschichte,* 24.
4 *Zweck,* I, 257, 356.

Chapitre IV

sentiment, seul primitif, que l'histoire, après un long travail, tire progressivement tous les autres, y compris le sentiment du droit [1]. À la doctrine romantique du sentimentalisme il faut donc substituer, dit Jhering, le prosaïsme de la finalité : la lutte des égoïsmes, non l'attrait mystique de quelque sentiment juridique, a suscité le droit. C'est la nécessité qui fait les lois. On peut donc dire que le droit existait objectivement dans les institutions, avant qu'il n'existât subjectivement dans les âmes, c'est-à-dire avant qu'elles n'en eussent pris conscience comme d'une puissance spéciale, distincte de la force, et pouvant s'opposer à elle. Ainsi s'explique ce fait que, pendant longtemps, le sentiment du droit ne fait que refléter les institutions : c'est seulement après qu'il a reçu la longue éducation du droit objectif que le sentiment juridique, comme un enfant qui discute les ordres de sa mère, réagit sur le droit objectif. Ainsi le rapport de ces deux termes varie avec l'histoire ; le droit précède d'abord le sentiment du droit, puis l'accompagne, et enfin le suit, comme l'ombre, à mesure qu'avance le soleil, précède, accompagne, et suit un voyageur. Parce que nous sommes au soir, nous ne devons pas croire que l'ombre, au matin, marchait déjà derrière nous [2].

Le même raisonnement permet à Jhering de restreindre la part, non pas seulement du sentimentalisme, mais de toute espèce d'idéalisme en matière de science sociale [3]. Il n'a pas eu occasion de prendre directement à partie la philosophie de l'histoire intellectualiste, suivant laquelle l'histoire des croyances et des connaissances révélerait les véritables causes de toute transformation sociale, mais ce qu'il dit, dans ses derniers livres, du rapport de la religion ou de la science avec la finalité, indique assez ce qu'il pensait d'une explication totale du monde social par les idées. Il est loin de nier leur action, mais il la tient, comme leur être même, pour dérivée, et non pour initiale. Souvent, expliquer à l'aide des notions que nous trouvons actuellement dans nos âmes le cours des événements historiques et la création des institutions juridiques, c'est renverser l'ordre réel, mettre l'effet à la place de la cause et oublier que ce qui est premier pour notre conscience, est parfois dernier

1 *Vorgeschichte*, 50-60.
2 *Entwickelungsgeschichte*, 27.
3 Contre l'utilitarisme de Jhering, cf. Kohler : *Ideale im Recht. in Archive für bürg. Recht*, 1891, p. 160.

Célestin Bouglé

dans l'histoire. À cette méthode qu'il appelle psychologique il faut substituer la méthode qu'il appelle réalistique [1]. Elle nous montrera que partout le concret a précédé l'abstrait, et la pratique, la théorie, que la recherche de la fin est antérieure à l'apparition des idées [2]. Cette théorie même qu'on peut appeler l'idéalisme formel ou rationalisme, et qui consiste à dire que les phénomènes juridiques, comme tous les phénomènes sociaux, ne tendent pas sans doute à réaliser un certain idéal matériel, mais à s'organiser rationnellement, à former un ensemble logique satisfaisant pour la raison [3], prêtera à des objections du même genre. Sans doute Jhering a reconnu, avec Puchta, les services qu'elle peut rendre. Elle décrit fort justement la forme que tendent à prendre les phénomènes juridiques ; il est très vrai que les formules de droit se relient, s'organisent, forment un système de plus en plus logique, et nul, mieux que Jhering, n'a détaillé les opérations grâce auxquelles les droits sont analysés, ramenés à leurs principes, réduits à l'unité dans des formules qui deviennent elles-mêmes productrices, par déduction, de droits nouveaux. Mais il nie que, là même où elle se réalise, cette organisation logique soit son but à elle-même. Des raisons pratiques ont provoqué son développement ; des raisons pratiques peuvent le limiter. C'est une erreur de définir les systèmes juridiques, avec Dahn, comme une exigence de la raison : leur forme rationnelle elle-même n'est qu'une exigence des intérêts sociaux. Que ces intérêts changent et ils feront entrer dans les systèmes en question — dussent-ils les briser — des éléments nouveaux. À la dialectique du concept il faut substituer la dialectique des fins. La prétendue nécessité logique n'est qu'un reflet des nécessités pratiques. Les principes se modèlent sur la vie, non la vie sur les principes [4]. En un mot, pas plus que le sentiment, la raison n'explique la genèse et le développement des phénomènes sociaux : lorsque la logique apparaît dans l'histoire, il faut encore, pour expliquer sa présence même, en revenir à la téléologie.

Nous comprenons du même coup la place que Jhering peut faire, dans sa philosophie sociale, aux tendances dites matérialistes. Il

1 *Zweck*, II, 109-125.
2 *Vorgeschichte*, 163, 221.
3 Cf. F. Dahn, *Vernunft im Recht*. L'auteur y entreprend, de ce point de vue rationaliste, une critique développée des idées de Jhering.
4 *Geist*, IV, 310, 599 ; I, 49 ; *Zweck*, I, 420-430.

refuse de chercher dans les idées les causes premières des phénomènes sociaux : est-ce à dire qu'il veuille soumettre ces mêmes phénomènes à l'action mécanique des phénomènes extérieurs, qu'il tâche, en éliminant méthodiquement toute psychologie de ses explications, à constituer une sociologie sans âme ou du moins sans conscience ? Sans doute les phénomènes extérieurs devront entrer en ligne de compte dans l'explication des phénomènes sociaux : et nous avons vu que Jhering leur fait large part, puisque, de la présence de sols différents, il prétend déduire les différents caractères de l'Aryen et du Sémite. Mais il est loin d'accorder à ces phénomènes la dignité de causes. Sa définition de l'activité le lui défend. Le monde extérieur peut être la cause occasionnelle, mais non la cause efficiente du monde intérieur ; quand il s'agit de phénomènes sociaux, c'est-à-dire d'actions humaines, la cause efficiente ne fait qu'un avec la cause finale [1]. Au désir primitif, qui partout est le même, la nature offre des moyens différents : l'action réciproque de celte fin sur ces moyens, de ces moyens sur cette fin explique la diversité comme elle explique l'unité de la vie des sociétés humaines.

Ainsi le finalisme de Jhering garde, au milieu des philosophies sociales courantes, une originalité. Il ne se subordonne à aucune d'elles et prend, cependant, quelque chose à chacune. Les différents principes d'explication à l'aide desquels on essaie de déterminer les phénomènes sociaux gardent à ses yeux une utilité ; chacun représente comme un moment de la vérité, que seule la dialectique téléologique peut reconstituer tout entière. En les faisant rentrer sous un principe d'explication supérieure, il ne les détruit pas, il les dérive en quelque sorte et explique elles-mêmes ces forces au delà desquelles on croyait ne pas pouvoir remonter. Pour ne pas perdre la part de vérité contenue dans le naturalisme, dans le nationalisme, dans l'idéalisme, dans le matérialisme, il suffit de remettre leurs différents principes à leur rang, d'assigner à chacun sa place dans le système dominé par la fin. Cette largeur synthétique qui caractérise le système de Jhering nous fait comprendre pourquoi il est si malaisé, parfois, de classer ses tendances, pourquoi les écoles les plus différentes en appellent à son autorité, pourquoi lui-même semble parfois hésiter sur la définition de sa méthode.

---

1 *Zweck*, I. 24.

Célestin Bouglé

Occupé de prouver que les différentes philosophies sociales sont vraies dans certaines limites et ne sont vraies que dans certaines limites, il s'opposera, tantôt aux unes, tantôt aux autres. Contre les idéalistes il dira qu'il est réaliste, contre les matérialistes, qu'il est psychologue. Ces changements de front ne doivent pas nous faire illusion. Au fond, de par sa définition de l'action, sa méthode reste, forcément, psychologique. On ne peut pas dire, pour transposer une formule fameuse, qu'il explique, jamais en dernier ressort, l'intérieur par l'extérieur. Sans doute il refuse de placer à l'origine des phénomènes sociaux un phénomène intérieur complexe, spécifique, élaboré, tel que le sentiment du droit par exemple, qui n'a pu lui-même s'élever sans l'aide de phénomènes extérieurs, tels que les formules des droits positifs, mais il y établit le phénomène intérieur essentiel, simple, primitif, véritable fait premier, le Désir. Le Désir donne la vie à tout le reste et met en branle les différentes forces de l'histoire ; c'est le véritable créateur du monde social.

Dans quelle mesure et à quelles conditions ce principe téléologique peut-il déterminer les phénomènes sociaux ?

Il serait injuste de juger de sa valeur scientifique d'après les hypothèses parfois aventureuses auxquelles il entraîne Jhering. Dans son enthousiasme téléologique, Jhering va parfois jusqu'à prêter à la nature des intentions dont il serait difficile de prouver l'objectivité. Mais, qu'une idée puisse suggérer des hypothèses métaphysiques, cela prouve-t-il qu'elle ne puisse provoquer des découvertes scientifiques ? Trop souvent on a fait, de la sorte, au finalisme, des procès de tendances. Parce que des abus ont été commis en son nom, faut-il se priver de ses services ? Il importe seulement de délimiter ses applications.

Autant il est téméraire d'expliquer, par l'attrait d'une fin, les mouvements de la nature, autant, s'il s'agit d'actions humaines, cette explication est légitime. L'observation intérieure nous montre, dans les fins, les causes de nos actions ; et, quelque théorie que l'on professe d'ailleurs sur la nature intime et la cause dernière de ces phénomènes téléologiques, nous avons le droit, pour expliquer les actions du prochain analogues à nos actions, de supposer qu'un désir les a suscitées analogue à notre désir, que les mêmes fins ont produit les mêmes effets. On dira : ce n'est qu'une hypothèse. Sans doute, mais, à ce compte, toute psychologie qui veut être autre chose qu'une autobiographie et qui tâche à suppléer, par l'emploi des méthodes dites objectives, à l'insuffisance de la méthode subjective, ne sera jamais qu'hypothèse. Les consciences n'ont pas de fenêtre par où l'une puisse constater, dans l'autre, et prendre sur le fait une tendance quelconque. Le psychologue n'entre pas dans l'âme des autres, il ne fait qu'interpréter leurs actes, et, sous les phénomènes extérieurs, seuls accessibles à l'observation proprement dite, supposer, par une opération qu'on peut appeler, avec Avenarius, introjection, les phénomènes intérieurs [1]. Plus les êtres nous ressemblent, nous sont « prochains », plus cette hypothèse a chance de correspondre à une réalité ; plus ils diffèrent de nous, et plus elle est aventureuse. Nous interprétons avec assez de sûreté les mouvements d'un de nos frères en civilisation, avec une sûreté décroissante ceux d'un enfant, d'un sauvage, d'un animal. S'il est vrai de dire que l'observation des êtres est d'autant plus fructueuse que les êtres sont plus différents de nous, il faut ajouter qu'elle est, en même temps, d'autant plus incertaine ; en ce sens la richesse de la psychologie comparée ne croît qu'en raison inverse de sa certitude. L'hypothèse téléologique est donc loin de nous procurer toujours des vérités indiscutables. Elle n'en reste pas moins notre seul moyen d'expliquer toutes les actions dont une explication mécanique ne nous offre pas une raison suffisante [2]. Pour s'expliquer les actions humaines, il ne suffit pas de constater tous les phénomènes extérieurs qui les précèdent, il faut supposer le désir qui les détermine. À vrai dire, la supposition générale du désir primitif ne suffit pas à déterminer le détail des phénomènes sociaux. Après que Jhering nous a prouvé, par l'analyse du fait de la tendance, que tout être recherche son bien, ou pour mieux dire, son plaisir, cet égoïsme radical reste si indéterminé que des actes très différents et même opposés en peuvent sortir. Il n'est pas jusqu'aux phénomènes qui sont la négation de l'égoïsme, jusqu'aux actions désintéressées, qui ne rentrent sous la même catégorie que leurs contraires ; puisque, dans tous les cas, de par la définition que Jhering a donnée de l'action, l'homme qui agit satisfait une de ses tendances. En ce sens le principe téléologique de Jhering pourrait sembler mal fait pour contenter l'esprit scientifique. Celui-ci veut sans doute ramener à

1 Cf. *Vierteljahrsschrift für wissenschaftliche Philosophie*, 1894-1895, Avenarius. *Bemerkungen zum Begriff des Gegenstandes der Psychologie.*
2 Cf. Wundt, *Phys. Psychologie*, I, 50, 396.

Célestin Bouglé

la plus haute unité possible la plus grande multiplicité possible de phénomènes ; mais il ne veut pas poser, d'emblée, une unité si large qu'elle n'explique aucune distinction et laisse indéterminé tout le détail de la réalité. Ce qui explique tout n'explique rien. De là le reproche qu'on adresse souvent à la téléologie : le principe d'explication qu'elle propose manque de spécificité, il convient à tout et par suite ne sert à rien.

Faut-il dire, d'un autre côté, que si l'on veut spécifier ce principe et expliquer les actions humaines, non plus par le désir général de vivre, mais par tel ou tel désir particulier, on tombe nécessairement dans l'excès inverse, offrant des explications trop particulières après avoir offert des explications trop générales, passant d'une trop grande unité à une trop grande multiplicité, non moins contraire à l'esprit scientifique ? Pourquoi déclarer à priori, avec Barth [1], que la téléologie ne peut poser ou qu'une fin universelle, ou qu'un nombre infini de fins spéciales ? Ici encore entre l'Un et l'Infini, entre le Même et l'Autre, on peut placer des intermédiaires.

Au lieu de passer brusquement de la fin universelle aux fins toutes particulières que suscite la diversité infinie des circonstances, on peut arrêter l'esprit sur un certain nombre de fins intermédiaires, plus générales que celles-ci, moins générales que celles-là, espèces téléologiques. Ce seront, par exemple, la fin juridique, économique, militaire, religieuse. Ne faut-il pas, et ne suffit-il pas qu'elles soient distinguées et classées pour que l'explication téléologique, échappant au double reproche d'être trop générale ou trop particulière, puisse devenir scientifiquement déterminante, et offre, aux différentes sciences sociales, des principes constitutifs ?

Sans doute ces fins se mêlent intimement dans la réalité historique. Une même action, soit individuelle, soit sociale, satisfait souvent en même temps, dans des mesures différentes, aux fins religieuses et aux fins esthétiques, aux fins économiques et aux fins juridiques ; et il est rare que l'une d'entre elles soit poursuivie pour elle-même à l'exclusion des autres, et détermine, par conséquent, à elle seule, une série de phénomènes sociaux. Le rôle de l'école historique a été justement de montrer, par exemple que, toutes les fins nationales réagissent à chaque instant sur les fins économiques proprement dites, et que l'histoire des phénomènes économiques

---

1 *Die Geschichts philosophie Hegel's und der Hegelianer*, p. 122.

Chapitre IV

est, non pas l'effet d'une seule force, mais la résultante d'une composition de forces différentes. Mais si utiles qu'aient été ces vues synthétiques pour rendre à l'esprit le sentiment de la complexité historique, n'est-il pas méthodique, pour résoudre cette complexité, d'en dissocier les causes, de les abstraire, et d'étudier chacune à part ? Il faut, suivant une comparaison de Jhering, entreprendre une analyse analogue à l'analyse des juristes [1] ; un cas complexe leur étant soumis, ils étudient à part tout ce qui, dans ce cas, est du ressort de tel principe, puis tout ce qui est du ressort de tel autre. De même, pour connaître les lois des phénomènes sociaux, nous essaierons d'en expliquer l'organisation par la poursuite d'une des fins sociales une fois posées, abstraction faite de la présence des autres fins. Pour connaître scientifiquement le tissu social, il faudra en séparer les différents fils, saisir chacun d'eux à part et le suivre aussi longtemps que l'on pourra. Ainsi se constitueront les sciences sociales particulières.

Plus les fils seront faciles à détacher, les fins faciles à définir, et plus les sciences sociales qui correspondent à ces fins seront faciles à constituer. Ainsi peut s'expliquer la prépondérance que garde, malgré tout, au milieu des différentes sciences sociales, la science de l'économie politique. On a attribué ses progrès à ce fait que les phénomènes économiques sont, plus que tous les autres, aptes à être mesurés, comptés, évalués [2] ; et sans doute, en donnant de la précision à ses descriptions, cette circonstance l'a aidée à extraire de l'histoire une matière scientifique. Mais il semble que la facilité relative avec laquelle elle peut définir le mobile économique et l'abstraire des autres fins, en donnant de la détermination à ses explications, rende mieux compte de la facilité relative avec laquelle elle a pu formuler quelques lois, ou tout au moins indiquer quelques tendances. De même la science du langage a été, sans doute, singulièrement aidée par cette circonstance que les phénomènes dont elle traite sont matérialisés dans les mots, que la psychologie y est, comme on l'a dit, pétrifiée, mais, sans doute aussi, la facilité avec laquelle on peut définir le mobile linguistique, la fin du langage, l'a aidée et l'aidera à déterminer les tendances de ces mêmes phénomènes. Nul doute que, en dépassant la métaphore

---

1 *Zweck*, II, 188.
2 Neumann, *Tüb. Zeitschrift für Staatswissenschaft*, 1892, p. 454.

Célestin Bouglé

naturaliste, en considérant les mots non plus comme les cellules mystérieuses de quelque organisme, mais comme des œuvres artificielles, façonnées par les hommes en vue d'une fin à l'aide des matériaux que la nature leur fournit [1], elle n'explique plus aisément ce qu'elle n'a souvent que décrit. La science du droit devra de même, pour se constituer, spécifier la fin qui lui servira de principe explicatif. Conformément à cette méthode, Jhering cherche à marquer, entre les différentes fins que poursuivent les sociétés, l'originalité de la fin juridique [2]. Et l'on peut trouver que sa définition manque encore de précision ; mais il faut reconnaître que son effort, du moins, indique le sens du progrès des sciences sociales. Pour qu'elles se constituent systématiquement, il faudra que l'on classe les différentes fins poursuivies par les sociétés.

À vrai dire, si l'on veut que la téléologie s'applique aux sciences sociales avec toute l'objectivité désirable, il faudra ajouter, à cette classification des fins qu'on pourrait appeler téléologie matérielle, une classification des différentes manières dont ces fins peuvent être conçues ou réalisées, une téléologie formelle. On ne conçoit pas toujours avec la même clarté les fins qu'on réalise, on ne réalise pas toujours avec la même sûreté les fins que l'on conçoit. Si l'on veut expliquer les actions humaines par les recherches des fins, il importe de soigneusement distinguer les formes particulières des phénomènes téléologiques.

Déjà, quand il s'agit d'actions individuelles, on sent combien il est difficile de les classer sous les différentes catégories de la finalité. Les actions qui, vues du dehors, nous paraissent les mieux adaptées à des fins ne sont pas toujours celles qui sont accompagnées, au dedans, parla plus claire conscience de ces fins. Quelquefois même, comme dans les actions habituelles et instinctives, la facilité de la réalisation d'une fin semble croître en raison inverse de la conscience de cette fin. D'un autre côté, certaines actions sont si mal adaptées à la fin conçue du dedans, par l'auteur, que nous sommes portés en les interprétant, du dehors, à lui attribuer de tout autres fins que celles qu'il a dans l'esprit. La conception de la fin n'implique pas celle des moyens. Pour que nous puissions déterminer par avance et prévoir les actions d'un homme, il faut que

---

1 Cf. Whitney, *Vie du Langage*.
2 *Zweck,* I, 390.

Chapitre IV

nous sachions non seulement quelles fins il désire, non seulement quels moyens sont en réalité à sa disposition, mais encore quels moyens il croit être propres à la réalisation de cette fin. Certaines actions enfin nous paraissent si utiles à l'être qui les produit que nous sommes portés à croire qu'il les a faites exprès. Mais souvent, tandis que nous croyons qu'il poursuit un but lointain, il en poursuit un autre plus rapproché, ou réciproquement, et nous prenons pour une fin ce qui n'est qu'un résultat.

S'il s'agit, non plus seulement d'actions individuelles, mais d'actions sociales, l'application de l'hypothèse téléologique devient naturellement de plus en plus difficile. Les fins de certaines actions sociales ont pu être conçues par nos ancêtres ; nous les réalisons souvent aujourd'hui sans plus les concevoir. L'utilité même de ces actions a pu disparaître, elles survivent. Ce sont, dit Jhering, des formes résiduaires. Elles n'étaient que moyens, elles deviennent fins elles-mêmes ; ou encore elles changent de fins, comme ces vieux vases qui, après avoir contenu les boissons des anciens Germains, se remplissent de vins modernes [1]. Ces phénomènes rendent très difficile l'explication téléologique. Si une même action est déterminée, tantôt par une fin, tantôt par une autre, comment pourrons-nous déterminer les actions par leurs fins ? D'un autre côté, une même fin peut susciter bien des actions différentes, car bien des moyens peuvent servir à la réaliser et le choix même de ces moyens est déterminé non pas seulement par les circonstances extérieures, mais par toute la vie intérieure, par les croyances et les connaissances d'un peuple. Enfin, dans la vie sociale plus que dans la vie individuelle, les résultats sont malaisés à distinguer des fins proprement dites. Souvent, Jhering nous l'a montré, l'action commune de plusieurs individus produits un résultat qu'aucun d'eux ne cherchait ; d'autre part certains individus peuvent avoir conscience de ce but, et d'autres le réaliser sans conscience. Il faudrait distinguer les différentes façons dont se distribuent, dans les différentes sociétés, suivant que leurs formes sont plutôt démocratiques, ou aristocratiques, ou monarchiques, la conscience et la réalisation des fins sociales. On arriverait ainsi, en combinant de toutes les manières les différents éléments téléologiques des actions, leur utilité, leur conception, leur réalisation, à définir

---

1 *Vorgeschichte,* 180.

Célestin Bouglé

un nombre considérable de cas possibles ; ici l'action serait utile à tous, conçue par tous, réalisée par tous ; là, utile à tous, conçue par quelques-uns, réalisée par tous, etc. On établirait de la sorte une sorte de classification téléologique des formes sociales, et l'on pourrait, en confrontant les cas réels avec ces cas idéaux, appliquer plus justement aux phénomènes historiques les différentes catégories de la finalité sociale.

En résumé, il ne s'agit pas d'appliquer d'un seul coup et sans élaboration préalable l'idée de fin à l'explication des phénomènes sociaux. Pour qu'elle les détermine, il faut qu'elle soit elle-même spécifiée, que ses différentes formes aient été classées, qu'on ait soumis en un mot à une sorte de critique l'hypothèse téléologique. C'est l'honneur de Jhering d'avoir commencé cette critique par sa distinction de l'identité et de la coïncidence des fins, par celle de la fin objective et de la fin subjective. On peut regretter seulement qu'il n'ait pas poussé ces distinctions plus loin et que, notamment, il n'ait pas analysé avec plus de précision la façon dont les phénomènes téléologiques se distribuent entre les différentes unités sociales ; peut-être eût-il évité, de la sorte, quelques affirmations qui restent sujettes à caution. Il n'en est pas moins vrai qu'il a inauguré cette nouvelle façon d'entendre la téléologie. Après avoir traversé son système on se rend compte qu'il ne suffit plus, pour écarter tout finalisme des sciences sociales, de montrer que les individus n'ont pas conçu d'avance le plan du monde social et réalisé consciemment ce plan. L'hypothèse de la volonté réfléchie, pleinement consciente de la fin et des moyens, n'épuise pas la téléologie : de l'acte purement volontaire à l'acte purement instinctif elle compte bien des catégories ; il vaut mieux essayer de les classer et de délimiter leur application que de les rejeter toutes, sans les distinguer, en bloc.

En un mot, il ne nous paraît pas juste de faire à Jhering un procès de tendances. Les sciences sociales pourraient progresser, non en revenant sur ses pas, mais en allant plus loin que lui et en approfondissant les phénomènes téléologiques. Sans doute, nous venons de le voir, l'idée de fin est très difficilement applicable : est-ce à dire que les applications en soient moins précieuses ? S'il est avéré, surtout, que pour tracer les lois des phénomènes sociaux il faut connaître leurs causes, et qu'on ne peut trouver ces causes que dans les fins, faut-il, parce que la recherche des fins est difficile, la déclarer vaine ? Si l'on a peur de la métaphysique, si l'on garde rancune au finalisme des rêves qu'il a pu suggérer, il faut se souvenir que les instruments les plus dangereux sont parfois aussi les plus utiles, sinon indispensables.

Célestin Bouglé

CONCLUSION

Résumons brièvement les résultats de ces études et rapprochons les idées qui s'en dégagent de celles qui mènent, en France, le mouvement de la science sociale. Ainsi nous éclairerons les unes par les autres et mettrons en valeur les traits qui leur sont communs.

Laissons les divergences de nos auteurs se neutraliser les unes les autres. Leur parenté apparaîtra : ils ne sont ni purement « philosophes » ni purement « historiens ». Ils cherchent à se tenir également éloignés des points extrêmes entre lesquels, sous la poussée de forces de toute espèce, la pensée allemande a oscillé. Ils ne sont satisfaits ni de la spéculation tout à priori, ni de l'observation tout empirique ; ils ne se contentent ni de construire, ni de constater, ils veulent expliquer la réalité.

Dans quelle attitude cet effort a-t-il placé les sciences sociales : 1° vis-à-vis de la psychologie ; 2° vis-à-vis les unes des autres ; 3° vis-à-vis de la pratique ?

Elles devront pour obtenir des lois universelles s'adresser à la science générale de la nature humaine. — Elles devront, pour obtenir des lois exactes qui déterminent aussi rigoureusement que possible l'enchaînement des phénomènes sociaux, analyser la complexité du donné, et, en faisant abstraction de leurs interférences, considérer une à une les diverses forces composantes de l'histoire. —Elles devront enfin, pour obtenir des lois pures, où les prescriptions ne troublent pas les explications, se garder de confondre la connaissance avec la réforme de la réalité.

Sans doute nos auteurs n'appuient pas tous également sur tous ces traits. Lazarus marque plus fortement que les autres la fonction de la psychologie ; Jhering, la fonction de la téléologie. Wagner insiste spécialement sur la nécessité de séparer les sciences sociales les unes des autres ; Simmel, sur la nécessité de les séparer de la pratique.

Mais, sans chercher à trop préciser la part qui revient à chacun, nous garderons de cette rapide revue de livres allemands une impression d'ensemble que nous pouvons exprimer en trois mots :

Les sciences sociales en Allemagne veulent être : 1° *psychologiques* ; 2° *abstraites* ; 3° *théoriques*.

I

Il ne nous appartient pas d'énumérer ici les influences, intérieures ou extérieures, qui devaient faire varier, en France, les relations des sciences sociales avec la psychologie.

Qu'il nous suffise de rappeler que le positivisme, qui a tant fait pour la science des phénomènes sociaux, semblait tendre à le détacher de la science des phénomènes psychologiques. La psychologie était suspecte : on l'accusait de ne pas fournir de faits positifs, de ne prêter qu'aux analyses littéraires ou aux subtilités métaphysiques. On craignait, si on la laissait dans le système des sciences, qu'elle n'ouvrît la porte à la métaphysique spiritualiste. De plus, une influence lointaine et indirecte du mécanisme de Descartes, se retournant contre son dualisme, poussait à croire que, pour obtenir une connaissance vraiment scientifique des phénomènes quels qu'ils fussent, il fallait les rattacher aux phénomènes matériels. Enfin, par le succès des sciences naturelles, on était porté à plus attendre de la biologie que de la psychologie.

Mais, entre temps, grâce à diverses influences, parmi lesquelles il faut compter celle du criticisme, on comprend que la fortune de la psychologie n'est pas liée à celle de la métaphysique spiritualiste, et on dénonce le caractère métaphysique du positivisme. On s'aperçoit, en relisant Comte, que s'il a caché la psychologie dans la biologie, toute sa philosophie n'en est pas moins dominée par l'histoire de l'esprit humain, que, d'autre part, loin de tout expliquer par un mécanisme universel, il établit entre les différentes sciences des solutions de continuité, et veut détacher, par exemple, la sociologie, de la biologie. Enfin une connaissance plus étendue et plus profonde de l'esprit humain et de ses œuvres apprend que son histoire ne se laisse pas déduire de conditions physiques, qu'elle est bien plutôt déterminée par les conditions sociales, et on reconnaît que les spiritualistes ont rendu service aux sociologues en maintenant que tout dans l'âme ne s'explique pas par les mouvements de

Célestin Bouglé

la matière [1]. Ainsi, de divers côtés, on travaille à rendre à la psychologie sa place au centre des sciences de la société. Il semble, d'une façon générale, que les métaphores biologiques soient passées de mode et que la psychologie soit universellement regardée comme l'âme des sciences sociales [2].

Nous nous rendrons mieux compte de la nature de ce mouvement et des analogies qu'il présente avec celui que nous avons constaté en Allemagne si nous l'étudions dans les œuvres de trois penseurs indépendants, qui, sans avoir connu les auteurs que nous avons examinés, les ont souvent rencontrés.

M. Lebon [3], après avoir donné à l'anthropologie les plus importantes contributions, revient à la psychologie pour lui demander les lois de l'évolution des peuples. Comme Lazarus, il reconnaît que ce qui fait un peuple, c'est une âme commune, et que les classifications les plus objectives des peuples sont celles qui se guident, non sur des phénomènes extérieurs, comme les constitutions anatomiques, les institutions ou même les langues, mais sur des phénomènes intérieurs, comme les caractères. Ainsi une race historique pourra réunir dans une synthèse psychologique diverses races anatomiques. Et, cette race une fois constituée, sa variabilité sera limitée, ses éléments se transmettront difficilement. On verra des peuples s'emprunter des institutions, des mots, des idées ; mais ces translations sont superficielles ; le fond, qui est sentiment, croyance, rêve, reste immuable, et c'est en lui qu'il faut puiser les raisons profondes de l'histoire des peuples. Leurs caractères forment des espèces psychologiques presque aussi fixes que les espèces anatomiques.

M. Lebon ne fait que décrire et classer ces espèces. Sans doute il cherche les lois de leur évolution ; mais nous savons que de pareilles lois décrivent plus encore qu'elles n'expliquent. M. Lacombe [4], dans son effort pour trouver des lois vraiment explicatives, rencontrera plus souvent des idées analogues à celles de Jhering ou de Wagner. Comme eux il signale les dangers de l'érudition pure et veut qu'on en distingue 1'« histoire considérée comme science ». Il ne

1 Cf. Durkheim. *La Division du travail social,* 1893 ; et Izoulet. *La Cité moderne,* 1895, passim.
2 Cf. *Revue de Métaph.,* mai 1895. Art. de P. Lapie sur *L'Année sociologique,* 1894.
3 Le Bon. *Les lois psychologiques de l'évolution des peuples,* 1894.
4 Lacombe. *L'Histoire considérée comme science,* 1894.

CONCLUSION

suffit pas de constater des réalités, il faut les assimiler les unes aux autres et les rattacher à leurs lois. Ainsi on transformera les « réalités » en « vérités ». Qu'on s'adresse à la psychologie : en distinguant l'homme universel, l'homme individuel, et, entre les deux, l'homme temporaire, elle expliquera fout ce qui, dans l'histoire, peut être expliqué. Les besoins de l'homme mènent l'histoire, non comme forces biologiques, mais comme forces psychologiques, c'est-à-dire parce qu'ils sont sentis [1]. Une classification des besoins, rangés d'après leur urgence, nous livrera donc les causes du devenir historique. Et, puisque la nature même de ce devenir ne permet pas à l'expérience de faire varier méthodiquement les rapports des phénomènes sociaux, de les isoler pour savoir à quelle cause les rapporter, nous devons partir des causes et, par la déduction, descendre jusqu'à leurs effets. L'expérimentation, disait Steinthal, est une abstraction palpable. L'abstraction et la déduction seront, pour M. Lacombe, des expérimentations imaginaires [2]. Ainsi nous retrouvons dans l'œuvre de M. Lacombe cette sorte de réhabilitation de la déduction que nous avait présentée l'œuvre de Wagner. Nous y trouvons en même temps, dans la classification méthodique des besoins, une esquisse de cette téléologie matérielle dont la lecture de Jhering nous donnait l'idée.

C'est plutôt la partie formelle de la psychologie sociale que fait valoir M. Tarde, quand il étudie la façon dont les désirs et les croyances, quel que soit leur objet, se répandent dans les sociétés. Plus que personne il a contribué à réhabiliter cet idéalisme, non plus métaphysique, mais psychologique, qui consiste à expliquer l'histoire par les idées de ses acteurs [3]. Sa psychologie le conduira à reconnaître, comme la plupart des auteurs allemands, le caractère provisoire et extérieur des comparaisons biologiques. L'imitation ne laisse pas les sociétés distinctes et indépendantes comme des organismes. Les divers éléments qui composent une nation ne se trouvent jamais réunis dans les mêmes limites spatiales, comme les membres d'un corps. Bien plus, à mesure que les sociétés progressent, elles égalisent leurs unités composantes, bien loin de les inégaliser comme devrait le faire un organisme. Elles se désorganisent à mesure qu'elles se civilisent, et marchent, ainsi que l'avait

1 *L'Histoire considérée comme science*, p. 32.
2 *L'Histoire considérée comme science*, p. 63.
3 Cf. Tarde. *Les Lois de l'Imitation*, 1890, p. 4.

Célestin Bouglé

montré Cournot dans une théorie avec laquelle celle de Tönnies en Allemagne présente quelques analogies, à une sorte de mécanisme psychologique supérieur [1]. Leur évolution, bien loin d'obéir à une sorte de nécessité interne, qui déroulerait les phases prédéterminées d'un germe, est bien plutôt le résultat d'une série d'insertions successives dues à l'intervention des consciences. Avec plus de vigueur encore que Lazarus ou que Wagner, M. Tarde proteste contre l'idée que les seules lois qu'on puisse découvrir dans le monde social soient des lois d'évolution. Cette idée serait une transposition arbitraire d'hypothèses biologiques. L'évolution du droit, par exemple, n'a pas débuté par l'homogénéité et ne tend pas à l'homogénéité, ou du moins, si elle y tend, ce n'est pas sous la pression d'une sorte de nécessité dynamique, mais sous l'action unifiante de courants psychologiques. Ce qu'on appelle une évolution n'est le plus souvent qu'une propagation d'imitations ou une suite d'inventions. Il faut substituer à la recherche des lois d'évolution celle des lois de causation. Étudions les conditions dans lesquelles se produisent, se transmettent, s'équilibrent les syllogismes téléologiques et logiques sur lesquels vivent les sociétés, et nous aurons la « clef qui ouvre toute les serrures ». La psychologie, dit M. Tarde dans une formule qui nous rappelle les formules rencontrées en Allemagne, est aux sociétés ce que la chimie est aux êtres vivants [2].

Ces nombreuses concordances entre les penseurs français et les penseurs allemands redoublent l'autorité des idées qui leur sont communes. Mais il nous faut signaler aussi au moins une discordance. Elle est d'autant plus digne d'attention que le savant dont l'opinion va ainsi contre celle de MM. Lebon, Tarde et Lacombe est, au rebours de ceux-ci, très informé de la littérature sociologique allemande [3].

M. Durkheim, pour constituer une sociologie vraiment scientifique, veut la doter de trois qualités qui tendront toutes trois à l'éloigner de la psychologie. La sociologie devra être objective, spécifique et mécaniste [4]. Objective, elle traitera les phénomènes sociaux en choses et se défiera des idées. Spécifique, elle considére-

1 Cf. Tarde. _La Logique sociale,_ 1895, p. 128-131.
2 _Les Transformations du Droit,_ 1893, p. 127.
3 Cf. _Revue philosophique,_ année 1887.
4 Cf. Durkheim. _Les Règles de la Méthode sociologique,_ principalement les chapitres n et v, 1895.

CONCLUSION

ra ces phénomènes en eux-mêmes, indépendamment des faits de conscience individuels. Mécaniste, elle se gardera des explications téléologiques.

Une sociologie objective commence par faire table nette des concepts. Comme Simmel, M. Durkheim dénonce tout ce que les « prénotions », formées antérieurement à la science sous la pression des nécessités pratiques, cachent d'erreurs et de contradictions [1]. Faisons acte d'abnégation, oublions nos idées et nos sentiments pour traiter comme des choses les phénomènes qui nous touchent au plus près. Or, pour les traiter comme des choses, sur lesquelles tout le monde peut tomber d'accord, il faut les prendre par leur côté sensible ; et comme nos sensations elles-mêmes sont variables et discutables, nous devons chercher dans le monde extérieur les phénomènes fixes, vraiment objectifs, comme le sont par exemple la hauteur d'une colonne de mercure ou le mouvement d'une aiguille de montre, qui nous serviront à mesurer les phénomènes sociaux [2]. Les règles juridiques, par exemple, rempliront ce rôle. En considérant les variations du nombre des règles relatives à certains délits dans certaines sociétés, nous pourrons étudier objectivement les variations de la solidarité sociale [3].

On dira qu'on n'atteint ainsi que l'extérieur, et que cette méthode est toute superficielle. M. Durkheim répondra qu'elle ne cherche à réglementer que l'observation, et pas encore l'explication des phénomènes sociaux. Mais au moins faudrait-il, pour que cette observation fût à la fois exacte et féconde, qu'il y eût, entre les phénomènes sociaux proprement dits et ces phénomènes matériels qui nous les représentent, une correspondance exacte, et que les variations des Codes, par exemple, fussent précisément parallèles aux variations des sentiments juridiques. Supposons que nous prétendions connaître les courants de la mer par les seules agitations de sa surface, sous prétexte que celles-ci seules sont visibles, nous aurions la charge de prouver que ces agitations superficielles correspondent exactement aux courants profonds. Or il n'est pas facile en science sociale, de démontrer de pareilles correspondances. Jhering ne nous a-t-il pas rappelé que, pour formuler une

---

1 *Les Règles de la Méthode sociologique,* p. 23.
2   *Op. cit.,* p. 56.
3 Cf. *Division du Travail.*

Célestin Bouglé

règle juridique, une certaine puissance d'observation et d'expression est nécessaire, qui ne peut s'acquérir qu'assez tard et sous des conditions spéciales [1] ? Par suite bien des sentiments juridiques restent sans expression, sans symbole sensible. Il n'est pas vérifié que, comme le voudrait M. Durkheim, tout sentiment fort et défini s'exprime sous une forme définie [2]. Un sentiment peut être très vivant sans éprouver le besoin de se formuler. Bien plus, n'est-il pas souvent juste de dire que le moment où il commence à s'exprimer, à entrer dans les choses, marque le moment où il commence à décliner [3], à sortir des consciences ? Enfin, lors même que toutes les règles juridiques seraient extériorisées, consolidées, on se tromperait souvent si on concluait de la présence de la règle à la présence du sentiment, de l'extérieur à l'intérieur. Jhering encore nous a montré qu'on s'abuserait si on jugeait des rapports réels entre père et fils à Rome par l'expression juridique de ces rapports. Ainsi les choses extérieures ne portent pas toujours l'empreinte fidèle des phénomènes sociaux.

Mais est-il vrai qu'on ne puisse traiter les phénomènes sociaux objectivement qu'en les observant dans les choses extérieures ? Sans doute là seulement ils pourraient être mesurés, connus quantitativement. Mais ne peut-on connaître objectivement des qualités ? Et se débarrasser des prénotions est-ce nécessairement se priver de l'introspection ? Simmel, tout en expulsant les premières, reconnaît que, sans la seconde, il n'y a pas de science sociale. On peut en appeler d'une psychologie spéculative, qui se laisse prendre aux abstractions, à une psychologie observatrice, qui saisisse, dans notre conscience, des phénomènes concrets. Dira-t-on que nous ne pouvons que supposer, et non observer directement ces phénomènes dans les consciences des autres ? Nous avons vu que telle est la condition nécessaire de toute psychologie, si la psychologie est autre chose qu'un examen de conscience individuel. Cela rend sans doute la psychologie difficile, mais cela ne l'empêche pas d'être indispensable. Sans cette « interpolation » psychologique, plus ou moins méthodiquement conduite, les phénomènes extérieurs ne rentreraient en aucune façon dans les sciences sociales et resteraient dans les sciences physiques. M. Durkheim voudrait, séduit

---

1 Cf. plus haut, p. 122.

2 Cf. *Division du Travail*, p. 321.

3 M. Durkheim le reconnaît lui-même. Cf. *Division du Travail*, p. 79.

CONCLUSION

par le développement de la psychologie physiologique, que la sociologie, comme celle-ci, se passât de l'introspection [1]. Mais la psychologie physiologique elle-même, moins intransigeante à mesure que le spiritualisme est moins redoutable, reconnaît qu'une psychologie sans observation intérieure est inféconde, ou même impossible. L'observation extérieure des codes et des monuments ne mènerait pas loin si elle n'était éclairée et guidée par l'observation intérieure.

Mais à rattacher ainsi la sociologie à la psychologie ne risque-t-on pas de méconnaître le caractère spécifique de la première, et son rôle propre ?

Les faits sociaux sont, pour M. Durkheim, irréductibles aux faits psychologiques. Ils ont une réalité indépendante des consciences individuelles dans lesquelles ils retentissent [2]. Ils ne sortent pas d'elles, puisqu'ils les dominent et s'imposent à elles. Le caractère essentiel du fait social, qui est d'être une contrainte, empêche qu'on ne le réduise aux faits de conscience individuels. La société est autre chose qu'un certain état d'âmes. Mais alors où existe, dira-t-on, cette société ? Il faut bien reconnaître que la méthode de M. Durkheim paraît, au premier abord, ramener au réalisme, et il est naturel que ses critiques l'aient comparée à celle des scolastiques [3]. Si M. Durkheim se refuse à réaliser une nouvelle entité, veut-il donc dire, en soutenant que les faits sociaux se réalisent en dehors des faits individuels, qu'ils se précipitent, se cristallisent, ou, comme le disait Lazarus, s'incarnent dans les choses ?

Mais remarquons que, s'il n'y avait pas des consciences pour connaître, pour interpréter, pour aimer les choses sociales, celles-ci seraient pour la société comme si elles n'existaient pas. M. Durkheim reconnaît lui-même qu'elles ne recèlent pas de puissance motrice et qu'elles sont le produit d'actions humaines [4]. Apparemment, si les consciences ne s'en mêlaient, les faits sociaux ne s'exécuteraient pas d'eux-mêmes, comme certaines expressions de M. Durkheim tendraient à le faire croire [5]. Sans vie psychologique, pas de vie sociale. Que M. Durkheim observe que cer-

1 Cf. _Les Règles de la Méthode sociologique_, p. 33.
2 _Op. cit._, chap. I.
3 Cf. Tarde. _La Logique sociale_. Préface.
4 Cf. _Les Règles de la Méthode sociologique_, p. 27, 138.
5 _Division du Travail_, p. 306.

Célestin Bouglé

tains étals de la conscience individuelle sont communs à toutes les consciences composant une société, qu'il appelle ces parties communes conscience collective, qu'il en étudie le développement, accroissement ou diminution, rien de mieux ; mais pourquoi soutenir alors que la sociologie doit se passer de psychologie ? Ces réactions auxquelles les consciences individuelles, par le seul fait de leur association, se trouvent soumises, sont évidemment des phénomènes psychologiques, se réalisant à travers le milieu physique. La conscience de ces réactions spéciales peut conduire, comme le voulait Lazarus, à l'idée d'une psychologie sociale distincte de la psychologie individuelle, mais non pas à l'idée d'une sociologie sans psychologie.

Après avoir essayé d'observer les faits sociaux comme des choses extérieures, M. Durkheim tentera de prouver qu'on doit, pour expliquer ces mêmes faits, adopter le genre d'explication à l'aide duquel on comprend les phénomènes du monde extérieur, l'explication mécaniste. C'est pourquoi il dirigera ses efforts contre cette partie essentielle de la psychologie qui est la téléologie.

Il lui reprochera d'abord de laisser trop de place à la contingence [1]. Tandis que M. Lacombe et M. Tarde aiment à se donner le sentiment de l'instabilité des choses, à se figurer que le cours de l'histoire aurait pu être tout autre, à réveiller tout ce qui dort dans les limbes du possible, M. Durkheim veut que tout se passe selon une nécessité mécanique. Vous me montrez ce qu'on désire, dans une certaine société ; la connaissance de ce désir laisse indéterminée la forme des institutions sociales. Qui connaît la fin ne connaît pas encore les moyens. Chaque individu poursuit sa fin suivant son humeur. Comment, par suite, la téléologie pourrait-elle expliquer cette étonnante uniformité d'institutions que la sociologie constate ?

On pourrait d'abord contester celte uniformité même et dire avec Lubbock [2], qu'il s'est presque toujours trouvé des peuples pour réaliser les coutumes les plus dissemblables. Les coutumes et les institutions présentent une diversité qui, aussi bien que leur uniformité, veut être expliquée. Pourquoi la téléologie n'expliquerait-elle pas et l'une et l'autre ? En admettant qu'elle découvre chez les hommes

---

1 *Op. cit.,* p. 116.
2 Cité par Lazarus (*Leben der Seele,* III, p. 358).

CONCLUSION

des désirs identiques, ne peut-elle rendre compte de la différence des phénomènes que ces désirs provoquent par la différence des conditions dans lesquelles ils se réalisent ? Celte humeur même des individus qui influe sur le choix des moyens ne peut-elle être étudiée scientifiquement ? Et ne peut-on découvrir entre les individus certaines ressemblances d'humeur qui constitueraient justement un caractère national, objet de cette partie de la psychologie sociale que Stuart Mill appelait l'éthologie des nations ? On pourrait donc, tout en usant de la téléologie, restreindre de plus en plus la part de la contingence et déterminer le cours des phénomènes.

La plupart des reproches que M. Durkheim adresse à la téléologie s'expliquent par ce qu'il lui demande autre chose que ce qu'elle prétend donner. De ce qu'on observe que les besoins des hommes expliquent leurs actions, on ne prétend ni que ces besoins créent de toutes pièces leurs moyens, ni qu'ils aient toujours clairs conscience de leurs résultats.

Par exemple, M. Durkheim constate que, si les désirs expliquent pourquoi les hommes mettent en œuvre certains matériaux, ils n'expliquent pas l'être même de ces matériaux. En biologie on sépare, de l'étude des fins des organes, l'étude de leur constitution essentielle. Ainsi devrait-on faire en sociologie [1]. — Mais d'abord on peut répondre que, pour la sociologie, les rapports entre désirs et moyens sont beaucoup plus clairs que pour toute autre science. C'est elle surtout qui peut prendre sur le fait la fonction se créant son organe. De plus, la téléologie ne prend pas à sa charge d'expliquer la présence de toutes les conditions naturelles ou artificielles, physiques ou sociales, au milieu desquelles s'exécutent les actions humaines. Cette tâche, du moins, appartiendrait à une téléologie métaphysique. La téléologie scientifique est moins ambitieuse. Je vois des hommes entasser des pierres ; la téléologie m'explique leur action en me disant qu'ils veulent construire une maison. Mais elle ne m'explique pas et ne prétend pas m'expliquer la constitution même de ces pierres. Je constate, d'une part, la fin, d'autre part, les moyens, et de celle double constatation je déduis l'action. Peut-on dire qu'elle me serait suffisamment expliquée par la constitution des pierres, seules choses extérieures ? On pourrait en accumuler autant qu'on voudrait ; si le désir de s'abriter n'intervenait, elles ne

---

1 *Règles de la Méthode sociologique*, p. 111.

Célestin Bouglé

s'entasseraient pas d'elles-mêmes.

D'un autre côté, en disant que l'homme poursuit des fins, la té-léologie ne prétend pas qu'il ait une connaissance exacte de toutes les conséquences de ses actions, ni même qu'il réussisse toujours à réaliser ses fins. Des conséquences imprévisibles peuvent se multi-plier et engendrer des fins nouvelles, auxquelles le premier agissant ne pouvait penser ; cela n'empêche qu'en agissant il allait vers une fin. L'idée de l'hétérogénéité des fins, illustrée par Wundt, ne dé-truit pas l'objectivité de la téléologie. Bien plus, un désir peut sus-citer mille phénomènes sociaux sans arriver à se satisfaire, et, en poursuivant une fin qui n'est jamais atteinte, mener toute l'histoire. Par conséquent, on ne peut arguer de la non-réalisation d'un désir à sa non-existence. Par exemple, M. Durkheim, pour nous prouver que le phénomène de la division du travail ne s'explique pas par l'action d'un désir, comme le désir du bonheur, nous montre qu'en fait les hommes ne sont pas, bien plus, ne peuvent pas être plus heureux [1]. Mais le savent-ils ? et que ce but ne soit jamais atteint, cela prouve-t-il qu'il ne soit jamais poursuivi ? M. Durkheim croit pouvoir se passer de la supposition d'une fin, parce qu'il tient les causes de la division du travail ; ce serait le volume et la densité croissante des sociétés. Mais ce volume et cette densité n'agissent encore sur l'histoire que parce qu'ils surexcitent, ainsi que le dit M. Durkheim lui-même, la lutte pour la vie, et rendant plus difficile la satisfaction des besoins, exigent la recherche de nouveaux moyens, comme la division du travail. Bien plus, ce volume et cette densité naissent toujours de besoins, comme celui qui pousse les hommes à se rapprocher et à se multiplier. D'ailleurs, M. Durkheim a, comme malgré lui, le sentiment que le ressort de tous ces phénomènes est téléologique et non pas mécanique. Dans la même page [2] où il af-firme que « tout se passe mécaniquement », il reconnaît que la di-vision du travail est un « dénouement adouci » de la lutte pour la vie. Elle résulte d'un choix, déterminé par la prédominance de certains besoins, entre diverses solutions possibles, suicide, émi-gration, guerre civile. C'est *pour* pouvoir vivre, dit-il [3], dans une phrase que Jhering eût notée comme un aveu, que les hommes se spécialisent. Quand il nous montre que les hommes ont cédé à

1 Cf. *Division du Travail*, liv. II, chap. I.
2 Cf. *Division du Travail*, p. 299.
3 *Division du travail*, p. 306.

CONCLUSION

la loi du moindre effort, croit-il revenir au mécanisme ? Cette loi n'est-elle pas au contraire, suivant la juste remarque de M. Tarde [1], la raison téléologique elle-même ? Sans doute elle est en apparence la même que la loi du mécanisme, et peut-être, pour une métaphysique, le moindre effort téléologique et le moindre effort mécanique apparaîtraient-ils comme les mêmes au fond. Il n'en est pas moins vrai que, pour les sciences, cette notion, comme celle de force et de puissance, comporte deux sens, qu'il importe soigneusement de distinguer sous peine de confusions dangereuses. L'un est extérieur et mécaniste, l'autre psychologique et téléologique. Quand on dit que les hommes ont obéi à la loi du moindre effort, on use d'une notion téléologique. Comme tout à l'heure les pierres, réunissez et rapprochez autant d'hommes que vous voudrez ; faites leurs sociétés aussi denses et aussi volumineuses que possible : s'ils ne veulent pas vivre et bien vivre, jamais la division du travail ne se produira « d'elle-même [2] ».

Aussi ne peut-on s'empêcher, quand M. Durkheim compare la densité des peuples à celle des liquides et laisse entendre que la même nécessité régit les mouvements des uns et des autres, de trouver qu'il y a là plus d'analogies de mots que de choses. Et l'on se demande si, en voulant traiter comme des choses extérieures les phénomènes sociaux, on n'en laisse pas échapper tout l'essentiel. Sans doute, on est toujours obligé de regarder les phénomènes, quels qu'ils soient, par un certain « biais », comme disait Descartes, pour les soumettre à la science. Mais vaut-il mieux envisager de parti pris le côté par lequel, elles se laissent mesurer, même s'il est tout superficiel, ou bien chercher méthodiquement, où qu'elles se cachent, les causes déterminantes ? Sans doute, il vaudrait mieux que le déterminant fût aussi le mesuré, que les causes pussent être connues quantitativement. Mais qu'y faire ? Et si les causes psychologiques sont difficiles à atteindre, faut-il renoncer à les chercher par les procédés qui leur conviennent ? M. Durkheim nous invite avec raison à l'abnégation du sujet devant les objets ; mais n'est-ce pas la pratiquer que d'appliquer à de certains objets les procédés

---

1 *Logique sociale,* p. 163.

2 En ce sens, M. Belot remarque avec raison qu'on ne peut dire que la pluie chasse mécaniquement les promeneurs des rues ; elle ne chasserait personne s'il était indifférent aux gens d'être trempés. Cf. *Revue de Métaph.,* 1894. Article sur *l'Utilitarisme,* p. 454.

Célestin Bouglé

plus ou moins détournés que réclame leur nature, tout en regrettant que les procédés les plus sûrs et les plus précis ne puissent s'appliquer également à tout le donné ?

II

Si la plupart des penseurs, en France comme en Allemagne, rattachent les sciences sociales à la psychologie, ils semblent sentir moins qu'en Allemagne la nécessité de les séparer les unes des autres et de les faire abstraites. Le problème des relations des sciences sociales les unes avec les autres ne se pose pas dans les mômes termes.

En Allemagne, la tendance à spécifier les sciences sociales vient à son heure, comme une réaction contre les excès de l'empirisme historique. Celui-ci, se plaisant à mettre en lumière l'influence des phénomènes juridiques sur les phénomènes économiques, de ceux-ci sur les phénomènes moraux, et réciproquement, tendait à décourager les esprits de la recherche des lois causales de la vie sociale. On lui répond que, si l'on veut les formuler, il faut étudier chacune des forces sociales à part, abstraction faite de l'action des autres. Ainsi, proclamer la nécessité de l'abstraction dans les sciences sociales, ce n'était pas leur demander de spéculer à nouveau sur des prénotions, mais d'observer à part les différentes catégories de faits. Elles doivent être abstraites, cela veut dire qu'elles doivent être spéciales. Elles doivent se conformer au précepte cartésien de l'analyse et diviser les difficultés pour les mieux résoudre [1]. Il restait entendu d'ailleurs, d'une part, que ces postulats scientifiques ne devaient en aucune façon entraîner des réclamations pratiques, qu'en considérant, par hypothèse, l'homme comme exclusivement soumis au mobile économique, on ne prétendait pas du tout qu'il dût, en droit, s'y soumettre exclusivement. D'autre part, chaque science sociale, en se spécialisant pour l'analyse, devait garder le sentiment qu'elle était spéciale, qu'elle ne représentait qu'un côté de la réalité historique, et que, le jour où elle voudrait reconstituer cette réalité tout entière, elle devrait, pour la synthèse, demander

1 Il est à remarquer que M. Belot, analysant et commentant un certain nombre de livres de sociologie, arrive, de son côté, à une conclusion analogue. Cf. *Revue philosophique,* janvier-février 1895.

CONCLUSION

l'aide de ses sœurs. Les Allemands savent en effet que le danger de cette manière abstraite est ce qu'ils appellent l'*Einseitigkeit*, la tendance à n'envisager qu'un seul aspect des choses, et à expliquer un tout par une seule de ses parties. Mais, au moment présent, ce danger les effraie peu. Les sciences sociales en Allemagne ont séjourné si longtemps dans les mains de l'historisme, il leur a si profondément inoculé le sentiment de la complexité du réel, qu'elles paraissent pour longtemps immunisées contre les excès de l'abstraction.

Tout autres sont, en France, les rapports des sciences sociales avec l'histoire.

Les influences pratiques de toutes sortes qui poussaient l'Allemagne à se défier des abstractions du XVIIIe siècle ne pesaient pas sur la France. Elle n'avait pas à invoquer un passé lointain pour réagir contre la Révolution. La nation allemande se levait au nom de l'histoire ; la nation française, au nom de la raison. Les sciences sociales en France devaient donc être portées à chercher l'universel plus que le particulier, l'abstrait plus que le concret. Elles devaient facilement être, pour reprendre les expressions de Knies, perpétualistes et cosmopolites. Il entre du cosmopolitisme jusque dans le patriotisme de la France. Le rationalisme est sa tradition. Et c'est un rationalisme actif, plus prêt à réformer le réel qu'à l'observer avec le quiétisme historique. Il fera primer sur tout, les considérations pratiques. Ainsi s'explique ce fait que nos spécialistes du droit, de l'économie politique, de la morale, n'aient pas très profondément pénétré leurs sciences de l'esprit historique.

Nos juristes, par exemple, nous ont rarement montré les rapports qui unissent les phénomènes juridiques aux autres phénomènes sociaux, ou aux caractères nationaux. La science du droit a peu demandé à l'économie politique ou à la psychologie des peuples. Sans doute elle semble s'orienter en ce moment même vers les sciences sociales [1]. Déjà, les historiens ont amassé pour elle de nombreux matériaux ; les anthropologistes, s'ils consentent à s'imprégner de psychologie et de sociologie, pourront l'aider à l'explication des phénomènes juridiques. Elle peut beaucoup attendre, d'un autre coté, des transformations de nos Facultés et du rapprochement des différentes branches de la science. On a justement remarqué

---

1 Cf. *Revue de Sociologie.*

Célestin Bouglé

que la constitution des Universités allemandes, en mettant sous les yeux des étudiants la connexion intime des sciences, servait sans doute à les défendre contre l'*Einseitigkeit* spécialistes [1]. Peut-être, si l'on veut bien veiller à l'éducation à la fois historique et philosophique de nos étudiants en droit, sauvera-t-on la science du droit en France de ce même écueil. En tout cas, on n'a pas encore à craindre, comme en Allemagne, qu'elle se perde dans l'historisme ; par suite, le même besoin ne se fait pas encore sentir de lui rappeler la fonction scientifique de l'abstraction.

Ce que nous disons du droit, *a fortiori* le dirions-nous de l'économie politique et de la morale. En morale, plus que partout ailleurs, les prescriptions font tort aux descriptions et aux explications. Nous avons, sans doute, des moralistes qui continuent la tradition de nos moralistes classiques, si riches déjà en observations ou même en explications délicates des choses de la vie morale. Mais les uns comme les autres traitent des phénomènes moraux avec plus de finesse littéraire que de précision scientifique. Jusqu'à nos jours, on rencontrerait en France peu d'œuvres où ces mêmes phénomènes soient étudiés objectivement.

Pour l'économie politique, pénétrée plus encore que les autres, sciences de soucis pratiques, elle paraît trop souvent encore s'en tenir à la conception des lois naturelles, « aussi bonnes qu'inéluctables », se réalisant avec une nécessité mécanique [2]. On peut encore reprocher aux économistes orthodoxes l'étroitesse de leur philosophie, qui repose, en dernière analyse, sur les mêmes postulats que celle de leurs adversaires, les socialistes. Malgré les progrès de la science économique, la nécessité se fait encore sentir, en France, moins de la tirer de l'histoire que de l'y plonger, pour l'habituer à reconnaître la contingence relative des lois économiques, psychologiques et non mécaniques, et la connexion des différents phénomènes sociaux.

Il est vrai qu'une science sociale, qui paraît faire de plus rapides progrès en France comme en Allemagne, la sociologie proprement dite, paraît prendre à charge de combler ces lacunes du droit, de

---

1 Cf. T. Ruyssen. *L'enseignement de la Philosophie en Allemagne,* clans la *Revue internationale de l'Enseignement,* avril 1894.
2 Dans l'Introduction de ses *Principes d'Économie politique,* M. Gide résume et critique ces conceptions courantes.

CONCLUSION

la morale, de l'économie politique. Elle leur rendra le sentiment de la connexion des phénomènes sociaux. N'en est-elle pas la science totale ? Mais la sociologie elle-même peut être entendue en des sens bien différents. Nous avons vu que les Allemands, comme Dilthey ou Wagner, se défiaient de l'ambition d'une science totale de la société, comprise à la façon d'A. Comte, tenant la clef de tous les événements de l'histoire. La même défiance paraît se faire jour en France. On reproche à A. Comte d'avoir voulu faire tenir en une seule formule la loi d'évolution de l'humanité tout entière [1]. On reconnaît que la loi des trois états est loin d'être exacte, et que, dans tous les cas, elle reste empirique. On critique, de tous les côtés [2], la conception positiviste du progrès. On veut substituer, à la recherche d'une loi d'évolution, celle des lois de causation. La sociologie cherche à se distinguer de la philosophie de l'histoire, à se spécifier.

Pour les uns, l'objet propre de la sociologie paraît être dans les formes sociales, abstraction faite des fins que les sociétés poursuivent. Une armée, une famille, une société d'actionnaires ont, quelle que soit la différence de leur origine et de leur fin, certains traits communs, la hiérarchie, l'interdépendance, la différenciation, qui peuvent être étudiés à part. Le seul fait que des individus s'associent produit sur eux certains effets spécifiques. Qu'il s'agisse de phénomènes économiques ou juridiques ou moraux, ils sont soumis à l'action du milieu social. On pourra classer les différentes espèces de milieux sociaux, on remarquera que, si leurs propriétés, comme leur volume, leur densité, la coalescence de leurs unités, varient, l'action qu'ils exercent sur les individus est soumise à des variations concomitantes. On obtiendra ainsi une science où observation, classification et explication seront purement sociologiques. [3]

D'autres sont mal satisfaits d'une sociologie aussi formelle. Ils remarquent que les causes des phénomènes sociaux lui échappent. Si les formes sociales se déterminent, si les relations des unités, coordinations ou subordinations, ne sont pas les mêmes dans une <u>famille, dans une</u> armée, dans une société d'actionnaires, cela tient

1 Cf. Durkheim. *Règles de la Méthode sociologique*, p. 96.
2 Lacombe, Tarde, II. Michel.
3 Telle paraît être la conception de M. Durkheim, qui n'est pas sans analogie avec celle qu'a exposée Simmel dans la *Revue de Métaph..* septembre 1884.

Célestin Bouglé

à des causes qu'il faut savoir chercher jusque dans les âmes. La sociologie ne doit pas se contenter d'étudier la constitution des sociétés, ou même l'influence de cette constitution sur les individus, elle doit, autant que possible, nous découvrir les raisons de cette constitution même, nous expliquer les états comme les mouvements sociaux. Elle étudiera, en un mot, non seulement les formes et les conséquences, mais les causes de la vie sociale.

On peut, sur ce point, comparer la sociologie à la géographie, qui fait actuellement, elle aussi [1], les plus intéressants efforts pour devenir une science. La géographie ne se contente pas de décrire ou même de classer les formes géographiques. Après cette étude des formes, une double tâche lui reste. Elle essaie, d'une part, d'étudier scientifiquement les influences exercées par la terre sur l'humanité. Prenant à ce point les formes terrestres comme données, elle étudie méthodiquement, ainsi que l'a fait Ratzel [2], par exemple, après Cari Ritter, l'action, directe ou indirecte, de ces formes sur les facteurs de l'histoire, sur les imaginations et les volontés des hommes ; elle étudie, en un mot, les conséquences des formes géographiques. Mais, d'autre part, elle veut en découvrir les causes. C'est alors qu'elle s'adresse à la géologie. Celle-ci lui expliquera la genèse de tel delta, dont la présence lui expliquait la genèse de telle ville et l'orientation de telle civilisation. De même que la géographie s'adresse à la géologie, la sociologie, pour savoir par les causes, devra s'adresser à la psychologie.

Mais comment, en devenant psychologique, rester spécifique et abstraite ? Comment, en obéissant à la première de nos exigences, ne pas désobéir à la seconde ? Les sciences sociales particulières le pouvaient. Elles prenaient à part les différentes forces psychologiques correspondantes aux différents systèmes sociaux, le juridique ou l'économique. Elles faisaient leur objet d'étude d'un mobile particulier, spécifique, dont la prépondérance leur expliquait une série de phénomènes sociaux. Mais il n'y a pas un mobile proprement sociologique comme il y a un mobile économique ou juridique. Le sentiment de la sociabilité, la sympathie, n'est qu'un des facteurs, et non peut-être le plus important, des sociétés. On s'as-

---

1 Avec M. Vidal de la Blache et M. Marcel Dubois.
2 Cf. Ratzel. *Anthropogeographie. Grundzürge der Anwendung der Erdkunde ouf die Geschichte*, I, 1882, II, 1891.

CONCLUSION

socie pour toutes sortes de fins. La sociologie ne peut donc chercher dans un mobile, de préférence à un autre, les causes des phénomènes qu'elle étudie. Il reste qu'elle prenne pour base de ses explications une classification des différents mobiles qui se réalisent dans les sociétés. Elle opérerait ainsi la synthèse des forces que les sciences sociales particulières dissocient par leur analyse. Elle ne serait plus une science sociale entre les autres, prenant place dans leur série, mais elle serait hors série et les dominerait toutes. Elle serait une philosophie des sciences sociales [1].

Et sans doute, rien qu'en définissant ainsi la tâche de la sociologie, on se rend compte des difficultés qu'elle doit présenter. Comment distinguer et classer ces mobiles qu'aucune main ne peut séparer, qui ne cessent de se combiner au plus profond des âmes ? Comment reconnaître, dans un phénomène social complexe, ce qui revient à chacun d'eux ? Sans doute il serait plus aisé, pour la connaissance des causes, qu'une seule force psychologique déterminât les formes comme les mouvements des sociétés. Mais à quoi bon nous faire illusion sur la complexité du réel ? Il importe plutôt, pour en venir à bout, d'en prendre nettement conscience.

III

La question des rapports des sciences sociales avec la pratique fait lever plus de difficultés encore. Nous savons, par le retentissement d'un débat récent et déjà fameux [2] quelles passions excite le problème des rapports de la science avec l'action, et à quels malentendus il expose.

Nos sociologues se flattent quelquefois d'en donner une solution, ou plutôt des solutions. On attend de la sociologie qu'elle rapproche l'homme d'action et l'homme de pensée [3]. On demande à la science de la morale de réconcilier la science et la morale [4]. Mais pour obtenir cette paix, les uns sont conduits à rapprocher les deux

1 Telle paraît être la conception de M. Lacombe, qui présente quelque analogie avec celle de M. de Greef.
2 Sur la « banqueroute de la scieace », Cf. *Revue des Deux-Mondes*, janvier 1895. — *Revue de Paris*, février 1895.
3 Cf. Bernès. *Revue de Métaph.*, mars 1895, p. 182.
4 Cf. Durkheim. <u>Division du Travail</u>. Préface, p. vi.

puissances, les autres à les séparer.

Il y a d'ailleurs plus d'une façon de les rapprocher. Leur réunion peut être prononcée à l'avantage de l'une ou de l'autre. C'est ainsi que M. Bernés paraît mettre la théorie dans la dépendance de la pratique, et M. Durkheim la pratique dans la dépendance de la théorie.

Pour M. Bernès, les progrès récents de la sociologie dépendent de deux causes, l'une d'ordre pratique, le développement du gouvernement populaire, l'autre d'ordre théorique, le développement des sciences naturelles. Ces deux forces imprimeront à la sociologie deux directions différentes. Tandis que la première nous pousse à réformer les choses et nous fait croire à la puissance des idées, la deuxième nous pousse à traiter les idées mêmes comme des choses et à dénier à l'individu tout droit de réforme sociale. Il faut réconcilier cet idéalisme et ce naturalisme. Nous y réussirons par l'association constante de la théorie et de la pratique [1]. Les phénomènes sociaux sont intérieurs ; sans doute bien des phénomènes extérieurs appartiennent à la société, mais seulement en tant qu'ils sont formés pour et par des esprits. Il faut donc ajouter et dans bien des cas substituer à la méthode objective, qui voit les choses du dehors, la méthode subjective, qui saisit les idées au dedans. Les valeurs sociales n'ont de sens que si nous considérons leur destination, leur finalité, leur orientation idéale. Pour connaître cette orientation il faut « vivre » les phénomènes sociaux. Devant eux nous ne pouvons rester impassibles, et si nous le pouvions, cela même appauvrirait notre science. Nous apprécions ces phénomènes en les constatant. Les désirs des hommes déterminent les mouvements des sociétés : désirons, agissons, vivons et nous aurons le secret de ces mouvements. Il faut ramener la science à la vie et revenir à « la donnée pratique prise comme garantie suprême de toutes les analyses [2]. »

Mais il faut distinguer. Quand M. Bernés revendique les droits de la méthode subjective et se plaint qu'on confonde l'objectif avec l'extérieur, nous sommes d'accord avec lui : il démontre, comme nos auteurs allemands, la nécessité d'éclairer la sociologie par la psychologie. Mais pour être subjective, la méthode doit-elle forcé-

---

1 Cf. *Les deux Directions de la sociologie contemporaine* 1893, p. 23.
2 Cf. *Revue de Métaph.*, mars 1895, p. 175.

CONCLUSION

ment confondre théorie et pratique ? Nous nous sommes demandé, en rapprochant notre première et notre seconde exigence, si, étant psychologiques, les sciences sociales ne pouvaient rester abstraites ; demandons-nous, en rapprochant la première de la troisième, si, étant psychologiques, elles ne peuvent rester théoriques. Sans doute, pour interpréter les actions des hommes, nous sommes obligés de reproduire en nous-mêmes leurs sentiments, et cette reproduction est une reviviscence. On pourrait soutenir que nous devons, pour connaître le désir des autres, le désirer à notre tour, au moins en puissance. Mais n'y a-t-il pas lieu de distinguer entre les cas où, poursuivant une fin pratique, nous désirons activement, et ceux où, poursuivant une fin théorique, nous reproduisons en nous-mêmes un désir, avec désintéressement, pour le plaisir de l'examiner ? Quand la fin est pratique, nous apprécions les objets indépendamment de l'idée de vérité. Quand elle est théorique, une appréciation nouvelle se surajoute aux appréciations pratiques ; en reproduisant des sentiments, nous portons un jugement sur la vérité de cette reproduction. Au moment où nous portons ce jugement de vérité, n'est-il pas méthodique de faire abstraction des jugements d'utilité ou de moralité ? Quelle valeur scientifique auraient nos analyses si la « donnée pratique » en était prise comme la garantie suprême ? Cela signifie-t-il que nous devons juger des choses d'après nos désirs, et mesurer le vrai à l'utile ou au moral ? Le devoir n'est-il pas d'affirmer ce qui nous paraît être une vérité scientifique, quelles que paraissent être les conséquences pratiques de cette vérité ? Et l'expérience ne prouve-t-elle pas que le meilleur moyen de servir l'utilité aussi bien que la moralité, c'est de chercher la vérité par-dessus tout ?

Nous tombons donc d'accord avec M. Durkheim quand il veut écarter systématiquement les suggestions sentimentales de la recherche scientifique. Il proteste contre cet empiétement de l'art sur la science, facilité par les circonstances mêmes qui déterminent l'éveil de la réflexion scientifique. Elle apparaît à l'appel de besoins toujours pressés qui réclament des remèdes plus encore que des explications. La pratique est l'origine de la science. Elle reste d'ailleurs sa fin. M. Durkheim estime que, sans ses conséquences morales ou utiles, la sociologie ne vaudrait pas une heure de peine [1].

---

1 Cf. _Division du Travail_. Préf.. p. III.

Célestin Bouglé

S'il veut séparer préalablement l'art de la science, c'est pour mieux les réunir. Le premier ne devra être que le prolongement de la seconde. Ainsi disparaîtra l'abîme redoutable entre la théorie et la pratique, où les mystiques veulent faire sombrer la raison humaine. Tout pour la vie, mais tout par la science. Qu'on laisse seulement la science se constituer dans la paix des bibliothèques et des laboratoires ; elle en sortira prête à prendre le gouvernement de la vie sociale. Nous retrouvons ici l'idée fondamentale d'A. Comte, nerf de ses derniers aussi bien que de ses premiers ouvrages. Le grand travail de la réorganisation sociale est, pour lui, une entreprise essentiellement théorique. Théorique, c'est-à-dire fondée non sur la spéculation, mais sur l'expérience, appuyée à une science d'observation. De même, quand M. Durkheim se dit rationaliste [1], il ne prétend pas que les hommes doivent se régler sur les principes *à priori* de la raison, mais sur des lois objectives, découvertes par la raison dans l'expérience. La spéculation ne peut nous livrer que des théories vagues ou incomplètes. Seule l'observation, aussi objective que possible, découvrira dans les phénomènes les relations de cause à effet qu'on pourra transformer en règles d'action.

Reconnaissons que cette ambition peut éveiller d'abord des préventions légitimes. L'expérience a prouvé que les préceptes les plus différents peuvent être promulgués au nom de la science. Contrairement à ce qu'on aurait pu attendre, il serait plus facile d'accorder ceux qui invoquent la spéculation que ceux qui se réclament des faits. Au nom des faits, les uns jugent que l'État doit diminuer ses interventions, et d'autres, au nom des faits, que tout doit se concentrer entre ses mains. Les uns qualifient de pathologique la renaissance du sentiment religieux, les autres, son affaiblissement. D'un autre côté, on sait où peut mener l'habitude de conclure du fait au droit, ou plutôt au devoir. L'évolutionnisme mal interprété a porté souvent, ainsi, des conséquences funestes à la morale. 11 a décrit la lutte pour la vie comme un fait : beaucoup l'ont tenue pour un devoir. Les espèces animales ont comme dicté la conduite humaine. De là une certaine défiance de la morale contre la science.

Mais ces observations ne touchent pas au fond des choses. M. Durkheim peut en appeler de la science à la science mieux informée : si elle veut s'appliquer à la pratique, elle ne doit pas se

---

1 *Règles de la Méthode sociologique*. Préf., p. VIII.

CONCLUSION

contenter de constater qu'un fait s'est passé à un certain moment de l'histoire de la nature, ou même de l'histoire de l'humanité, pour conclure que nous devons chercher à le reproduire au moment où nous sommes. Elle doit préalablement, pour chaque cas, rechercher ce qui est normal ; or le normal n'est pas un idéal une fois fixé, toujours le même pour toutes les espèces [1]. Chaque espèce a sa santé. Bien plus, chaque moment de sa vie a des exigences différentes. Nous devrons donc, si nous voulons déterminer par l'observation ce qui est normal pour une société, nous garder de la comparer aux exemplaires d'une espèce sociale toute différente, a fortiori, d'une espèce biologique. Mais nous observerons ce qui est normal pour son espèce, c'est-à-dire (car c'est là le seul critère objectif) ce qui se passe dans la moyenne des sociétés du même type, considérées à la même phase de leur développement. Ainsi la science d'observation, aidée de la méthode des moyennes, nous fournira non pas des exemples vagues, choisis dans l'histoire au hasard de la suggestion, mais un modèle précis, approprié à l'espèce sociale pour laquelle nous cherchons une loi morale.

On pourra se demander d'abord si vraiment le normal peut être déterminé avec précision par cette méthode d'observation tout extérieure. Cournot en avait par avance, signalé les inconvénients. À tenter de fixer un type par la méthode des moyennes, on risque de n'obtenir qu'une notion très indéterminée, qui possédera tous les défauts qu'on reproche aux idées générales, et s'adaptera difficilement aux circonstances particulières. Si l'on se souvient surtout que le nombre des individus composant une espèce sociale est très restreint, que les contours de cette même espèce restent toujours flottants et indéfinis, qu'il est souvent difficile de dire si le complexus des conditions qui constituent une société n'est pas un fait unique dans l'histoire, et si l'on n'est pas en mal d'une forme sociale nouvelle, on sentira combien il est difficile de déterminer ce qui, à un moment donné et pour un tel individu, est normal [2].

De plus, à supposer que le normal fût connu, cela suffirait-il à déterminer notre action ? Suffit-il qu'un fait soit normal pour qu'il soit désiré ? Cela reviendrait à dire, si l'on veut avec M. Durkheim

---

1 *Op. cit.,* chap. III.
2 Cf. *Revue de Métaph.,* septembre 1891. Article de MM. Brunschwig et Halévy, p. 510.

Célestin Bouglé

définir le normal par la seule observation des faits, indépendamment de toute considération téléologique, qu'un fait doit être par ce qu'il est. Sans doute, pour la conscience commune la simple existence d'un phénomène paraît souvent être un motif de le reproduire. « Cela se fait, » nous dit-on. Mais d'abord cette formule est elle-même une expression d'un certain idéal social, d'un certain respect de l'opinion publique, qui est antérieur à la science, loin d'en être le résultat. Et puis, Simmel nous a montré que la conscience se donne, pour agir, des motifs tout contraires à celui-là, et que, souvent, la non-existence d'un fait, tout aussi bien que son existence, apparaît comme une raison de l'espérer et de le désirer. A vrai dire si nous cherchons à reproduire ou à supprimer tels faits, ce n'est pas parce qu'ils sont des faits, mais parce qu'ils flattent ou contrarient tels de nos désirs, moteurs de l'histoire. M. Durkheim le reconnaît en posant que les sociétés comme les individus désirent vivre et vivre en bonne santé [1] ; c'est ce désir qui justifie la recherche du normal. Le type normal contient l'ensemble des conditions d'existence d'un individu ou d'une société.

Mais est-il vrai que nous les recherchions toutes également ? Parmi ces conditions, il en est d'utiles ; d'autres, qui peuvent être d'ailleurs répugnantes ou douloureuses, sont seulement nécessaires ; on peut dire qu'elles ne servent à rien, elles sont là parce qu'elles ne peuvent pas ne pas être [2]. Ainsi la notion du normal tient à la fois de celle de l'utile et de celle du nécessaire. Il y a des choses utiles qui ne sont pas normales, et des choses normales qui ne sont pas utiles, mais nécessaires. Or est-il vrai que nous poursuivions également les différents éléments que l'analyse distingue dans le type normal ? Pour les choses nécessaires, si une nécessité vraiment mécanique les détermine, avons-nous à les désirer ou à désirer leur contraire ? Que peut-on nous prescrire à leur sujet ? Ne serait-ce pas une inconséquence que de nous démontrer, au nom des lois scientifiques, qu'elles sont inévitables, et de nous conseiller en même temps, au nom d'une loi morale, de les rechercher, comme si nous pouvions les éviter ? Mais, si elles ne sont pas nécessaires d'une nécessité absolue, nous ferons, et en réalité nous faisons tous nos efforts pour les détourner de nous. Nous ne les

---

1 Cf. *Règles de la Méthode sociologique*, p. 61.
2 *Op. cit.*, p. 62-73.

CONCLUSION

prévoyons que pour vouloir leur contraire. Si certaines douleurs, par exemple, accompagnent normalement, suivant l'opinion de M. Durkheim, certaines fonctions, si la mort est un phénomène normal, on peut dire que la médecine est une lutte, non pas seulement contre l'anormal et le pathologique, mais contre le normal, contre la santé même, puisque assurément elle fait effort pour supprimer ou adoucir ces douleurs naturelles, et reculer cette mort naturelle. De même, en matière sociale, si normaux que paraissent être, suivant les théories de M. Durkheim, certains phénomènes comme le crime, nous faisons tous nos efforts pour les supprimer du moment que nous les croyons nuisibles ou immoraux ; ce n'est donc pas le normal qui définit notre idéal. D'autre part, si nous recherchons les choses normales qui sont utiles, c'est un fait que nous recherchons les utiles, même si elles ne sont pas normales. — En quoi nous avons tort, dit M. Durkheim, car l'état de santé est déjà assez difficile à réaliser. — Soit, mais d'abord qui veut le plus peut le moins ; et puis, que pourrait une science toute d'observation contre ce fait, qui paraît universel et qu'on pourrait qualifier de normal, que nous voulons toujours améliorer le normal même ? — Pour l'améliorer, dit M. Durkheim, il faut encore le connaître ; on ne dépassera donc la science qu'en s'appuyant sur elle. — Sans doute, mais nous ne chercherions pas à la dépasser si une force qui ne naît pas d'elle ne nous y poussait, et ne nous indiquait notre direction. Une amélioration quelconque suppose la connaissance de deux termes : un réel et un idéal. — Mais cet idéal ne vous est donné que par votre sentiment, qui n'est pourtant qu'un fait [1]. — Il est un fait, c'est ce que nous retenons. C'est un fait psychologique, un fait en idée. L'idéal est une réalité qui n'est pas encore réalisée. Pour reprendre le langage téléologique, c'est une fin. Ma fin est la mesure de la valeur des choses. Que, ma fin change et toute la hiérarchie des valeurs changera avec elle. Si je me décide pour ou contre la division du travail, ce n'est pas parce qu'elle est un fait normal, mais parce qu'elle convient ou s'oppose à telles fins que je poursuis, perfection ou intérêt de l'individu ou de la société. Ces fins, la science peut les constater, mais non leur conférer leur valeur ; elle n'a pas qualité, par conséquent, pour nous obliger à choisir entre elles.

Telle est la conclusion à laquelle arrivent naturellement bon

---

1 Cf. *Division du Travail*. Préf., p. IV.

Célestin Bouglé

nombre de sociologues, recrutés d'ailleurs dans des écoles assez différentes. L'homme social, dit M. Tarde, aurait beau connaître la science encyclopédique, son vouloir et, par suite, son devoir, resteraient dans une large mesure, dans une mesure toujours croissante, indépendants de son savoir. L'esprit omniscient devrait encore demander sa fin au cœur. Les majeures des syllogismes pratiques qui dirigent notre conduite nous sont fournies par quelque grand désir inconscient, quelque croyance traditionnelle, quelque conviction personnelle ; la science peut les découvrir, mais non les juger [1]. — De son côté, M. Espinas, en constituant la technologie, distingue profondément l'art et la science. L'art seul enchaîne les moyens aux fins et pose les fins à poursuivre. Une simple constatation, même scientifique, des faits, ne les pose pas. Il est faux que nous n'ayons qu'à relever les lignes d'évolution des phénomènes et à pousser de toutes nos forces dans la direction où elles nous mènent. Nous pouvons faire effort pour modifier cette direction. De quoi demain sera-t-il fait ? De ce que nous voulons, croyons, aimons le plus [2].

Est-ce à dire qu'il faille, pour réagir contre les tendances qui confondent théorie et pratique, les séparer absolument, tenir la science pour indifférente et inutile à l'art ? Ce serait un excès plus dangereux encore.

D'abord, en admettant que la science ne puisse en rien nous dicter nos fins, elle peut du moins, les fins une fois posées, nous indiquer les moyens propres à les réaliser. Il est vrai que cette proposition est contestée. M. Durkheim, pour amener les esprits à s'incliner devant l'autorité suprême de la science, veut leur prouver qu'on ne fait pas sa part au scepticisme qui lui conteste sa valeur pratique. Si elle ne détermine pas la fin, elle ne détermine pas non plus les moyens [3], qui sont eux-mêmes des fins par un côté. M. Espinas remarque à son tour [4] que le choix des moyens est entraîné par celui des fins. Mais, malgré la justesse partielle de ces remarques, nous n'en avons pas moins, dès que nous voulons atteindre une fin, tout à attendre de la science. Si en effet, une fois la fin choisie, un choix de notre part intervient encore dans la détermination des moyens,

---

1 *Logique sociale*, p. 217. — *Transformations du Droit*, p. 103.
2 *Première leçon du Cours d'histoire d'Économie sociale*, dans la *Revue de Sociologie*, mai 1894.
3 *Règles de la Méthode sociologique*, p.60.
4 Dans l'article cité plus haut.

CONCLUSION

c'est que la fin en question n'est pas la seule poursuivie. D'autres fins entrent en ligne de compte : et nous tâchons de combiner nos moyens de façon à satisfaire à cette pluralité de fins. Par exemple, je poursuis une, fin économique. La science m'offre un moyen sûr et rapide. Et cependant j'hésite. C'est qu'une fin morale s'est offerte à mon esprit et juge à son tour les moyens proposés. — Il n'en est pas moins vrai que c'est l'expérience, consultée par la science, qui m'apprendra quels sont les moyens appropriés à ces diverses fins. Si je veux réaliser celles-ci, je dois chercher à connaître scientifiquement ceux-là. En un mot, vers quelque sens qu'on tourne le proverbe : « Qui veut la fin veut les moyens », qu'on lui fasse dire « certains moyens seuls sont licites » ou « tous les moyens sont bons », il revient toujours à la science de nous instruire sur la qualité des moyens que la nature ou la société mettent à notre disposition.

D'ailleurs il ne faudrait pas croire que la science n'eût aucune in-fluence sur la détermination des fins mêmes. Cette influence est seulement indirecte. Nos fins ne nous sont pas dictées immédiate-ment par la connaissance des faits. Mais la connaissance des faits peut agir sur elles, au même titre que telle ou telle émotion. Rien qu'en élargissant l'horizon intellectuel, la science inquiète et aiguil-lonne les consciences, et les oblige à recommencer perpétuelle-ment le travail moral. Mais le dernier mot, cependant, n'appartient pas à la science. Elle ne nous fournit que la matière de la moralité. Où en prendrons-nous la forme ? Si nous voulons d'autres critères derniers du bien et du mal que nos sentiments personnels, ne devrons-nous pas les demander à une métaphysique ? Elle seule pourrait juger les connaissances scientifiques elles-mêmes, et, en les rapprochant de ses principes, formuler des règles pratiques.

Si donc les sciences sociales veulent, à juste titre, se garder de toute métaphysique, elles feraient prudemment de renoncer à transfor-mer en règles d'action les relations de cause à effet, et craindre de confondre les lois scientifiques avec les lois morales.

Sans doute, il est malaisé de conserver cette attitude, et de s'in-terdire, en expliquant des faits qui nous touchent de si près, toute appréciation. Nous avons nous-même remarqué, en résumant les

Célestin Bouglé

théories de Simmel, combien il était difficile aux sciences sociales de rester théoriques.

Nous savons, d'un autre côté, qu'il leur est difficile de rester abstraites, et de rester psychologiques. Nous n'avons guère fait, en rapprochant les sciences sociales françaises et les allemandes, que préciser ces difficultés.

Mais les préciser, n'est-ce pas travailler déjà à les dissiper ?

CONCLUSION

ISBN : 978-1514253168